KB114426

엄마의 첫 부동산 투자 노트

엄마의 첫 부동산 투자 노트

초판 1쇄 인쇄   2022년 4월 22일
초판 1쇄 발행   2022년 5월 3일

지은이   고상애(무한벌이)
펴낸이   한준희
펴낸곳   ㈜새로운 제안

기획·편집   장아름
디자인   이지선
영업   문성빈, 김남권, 조용훈
마케팅   한동우
경영지원   손옥희

주소   경기도 부천시 조마루로385번길 122 삼보테크노타워 2002호
홈페이지   www.jean.co.kr
쇼핑몰   www.baek2.kr(백두도서쇼핑몰)
SNS   인스타그램(@newjeanbook), 페이스북(@srwjean)
이메일   webmaster@jean.co.kr
전화   032) 719-8041
팩스   032) 719-8042
등록   2005년 12월 22일 제2020-000041호
ISBN   978-89-5533-632-0(03320)

엄마의 첫 부동산 투자 노트

고상애 [무한벌이] 지음

월급쟁이에서 부동산 부자가 된 엄마의
세상 친절한 부동산 투자 입문서

맞벌이를 포기하고 부동산 전문가가 되다

1,200만 원으로 시작해 50억 원을 만들기까지

내가 사회에 첫발을 내딛었을 당시 나에게는 1,200만 원의 학자금 대출이 있었다. 취업 뒤 1년 만에 대출금을 다 갚으니 허망했다. 1년이면 갚을 수 있는 돈이었다니! 대학생일 때는 하루도 쉬지 않고 아르바이트를 했지만 1,200만 원이라는 돈은 너무 커보였고 이자를 내기에도 버거웠다.

회사를 다니며 돈을 벌기 시작하자 여행 갈 돈은 있는데, 시간이 없었다. 여행을 가려면 성수기에 비싼 돈을 내고 다녀와야 했다. 이럴 줄 알았으면 대학생 때 대출을 받아 교환학생도, 해외여행도 많이 다녀올 것을.

우리는 맞벌이 부부였다. 기계처럼 매일 아침 눈을 뜨면 씻은 뒤 집을 나와 회사로 향했다. 그리고 누구보다 열심히 일했다. 상사의 눈에 예쁘게 보이고자 노력했다. 그래야 회사 생활도 편하고 인센티브도 더 받으니까. 하루는 우리 부부의 각종 지출을 살펴보니 보험료, 생활비, 공과금, 기타 등등 숨만 쉬어도 한 달에 200만 원 정도가 사라졌다. 그리고 돈 쓸 시간이 없으니 월급은 차곡차곡 통장에 쌓여갔다.

그렇게 모은 돈으로 집을 샀다. 내가 아는 동네에서 내가 살 수 있는 집. 1억 원 정도 하는 집을 대출을 받아 몇천만 원을 들여 샀다. 실제로 들어간 내 돈은 천만 원 단위였는데, 내 명의의 자산은 억 단위가 됐다.

시간이 흘러 결혼 8년 차에 내 자산은 50억 원 가량이 됐다. 결혼 뒤 10년 동안 자산 10억 원을 만드는 것이 목표였는데, 7년 만에 꿈을 이뤘다. 월급쟁이가 자산가로 변하니 은행은 나를 VIP로 대접해줬고, 나는 집주인이자 건물주가 됐다.

맞벌이를 포기하고 부동산 전문가가 되다

맞벌이를 하니 남편과 나는 각자의 회사 일로 평일에는 서로 얼굴 보기가 어려웠고 휴가를 맞추기도 힘들었다. 나아가 시간이 지나 아이가 생기면 겪을 힘들고 고통스러운 생활이 그려졌다. 그러던 중 부동산 중개업을 하는 친구가 경매 공부를 한다기에 함께 시작했다. 처음에는 공부만 하다가 함께 스터디하는 사람들 중 한 명이 집을 샀다는 소식에 그때부터 부랴부랴 부동산 투자를 시작했다.

그렇게 부동산 투자를 하면서 경제적 자유가 눈앞에 다가왔고 비로소 현실이 됐다. 한때는 공실의 부동산을 에어비앤비에 올려 월급보다 많은 돈을 벌기도 했다. 시간이 지나 아이가 생기면서 다니던 회사에서 퇴사를 했다. 지금은 투자한 부동산으로 시세 차익을 거두면서 그 돈으로 다시 재투자를 하며 부동산 투자 강의도 하고 있다.

집값은 내릴 거라는 거짓말

친한 지인 A에게 2년 전 한 아파트가 현재 입지에 비해 시세가 저렴하다고 추천해준 적이 있다. A는 그 아파트의 단점을 말하며 지난 몇 년간 많이 오른 바로 옆 '로망' 아파트 단지를 보며 "정부가 정책을 내놓았으니 내년에는 집값이 내려갈 거야"라고 굳게 믿었다. 시간이 지나 정부 정책과 다르게 부동산 가격이 치솟는 것을 보며 A는 이사를 포기했다. 같은 기간 동안 집을 가진 사람과 가지지 못한 사람의 돈은 불어나는 속도가 달랐다. 이 일이 있은 뒤 나는 A에게 적금에 넣어둔 돈과 대출받은 돈으로 당장 살 수 있는 집을 계약하고 시간이 지난 뒤 돈을 더 모아 로망 아파트로 옮기라고 추천했다. 결국 A는 로망 아파트가 아닌 다른 아파트를 구입했고 A가 산 아파트는 두 달 만에 1억 원이 올랐다. 후에 A는 내 말을 듣고는 머리를 한 대 맞은 것 같았다고 했다. A는 좋은 회사를 다니며 월급을 모아 통장에 돈이 불어날 때마다 본인을 부자라고 생각했는데, 이제는 퇴사한 나를 부자라고 불렀다. A의 말에 따르면 나는 집에서 놀면서 본인 연봉보다 더 번다고 한다.

A처럼 회사 생활을 열심히 하면서 돈 공부를 게을리 하는 사람들이 있다. 10년 전 내 모습도 그러했다. 사회생활을 하면서 오는 오춘기가 있다. 급여가 만족스럽지 않거나, 상사나 동료가 마음에 들지 않거나, 내가 하는 일에 미래가 보이지 않거나, 결혼을 하거나, 아이가 생기거나, 부모님의 노후가 준비돼있지 않거나…. 본인이 의도하지 않은 상황이 왔을 때 과연 감당할 수 있을까?

자본주의 사회에 사는 우리는 어떻게 자본이 사회를 움직이는지 이해해야 한다. 나는 왜 월급을 받으며 일하게 되었을까? 나에게 월급을 주는 사람은 어떻게 돈을 벌까? 나도 월급을 주는 사람이 될 수는 없을까?

건물주가 되는 것은 절대 어렵지 않다

나는 대학가 원룸의 건물주다. 하루는 1층 주차장에서 안전장치를 직접 설치하고 있는데, 길을 지나던 할머니께서 안전장치의 이름과 구입처를 물어보시며 자기 건물에도 달아야겠다고 하셨다. 내가 모를 때는 건물주 되기가 어려워 보였는데, 생각보다 평범해 보이는 많은 사람들이 건물주였고 또 부자였다.

건물주가 되는 것은 결코 어렵지 않다. 신축 아파트의 주인이 되는 것도 어렵지 않다. 하나씩 하나씩 본인이 가진 돈에 맞는 부동산을 찾아 투자하다 보면 시간과 노력이 쌓여 자연스럽게 될 수 있다.

자본주의 사회에서 재테크는 선택이 아닌 필수다. 돈의 가치가 떨어지면 실물 자산의 가치는 올라간다. 돈은 어딘가에서 누군가에 의해 세상에 계속 찍어 나오고 있다. 시간이 지나면 1억 원(금융자산)의 가치는 점점 떨어진다. 하지만 부동산 가격은 단기적으로는 올랐다 내렸다를 반복하지만 장기적으로는 우상향이다. 그러니 두려워 말고 지금 당장 실행하라.

꿈은 본인이 생각하는 것보다 크게 가져야 한다. 본인이 아는 것이 전부가 아니다. 세상은 넓고 알지 못하는 게 훨씬 많다. 세상은 끊임없이 변하고 돈의 가치도 변한다. 그래서 꿈은 본인이 아는 것보다 훨씬 더 크게 가져도 된다. 여러분의 꿈은 무엇인가?

투자를 해야 하는 이유

대학생 시절 내가 생각했던 10년 뒤의 내 미래는 대기업을 다니며 멋진 경력을 쌓는 커리어우먼이었다. 그 꿈을 이룬 뒤에는 생기 없이 출퇴근을 반복하며 돈 버는 기계 같은 생활을 했다. 그리고 스스로에게 보상한다며 휴가 때는 해외여행을 다녀왔다. 그것만이 인생의 낙이었다.

결혼 뒤 맞벌이 부부로 지내니 처음에는 삶이 넉넉하고 좋았다. 하지만 아이가 생긴다고 상상하니 끔찍했다. 계속 회사를 다니면 아이는 남의 손에 맡겨서 키워야 했고 그러면 한 사람이 버는 돈을 아이를 돌보는 데 다 써야 했다. 만약 부모님이 아이를 봐주신다고 해도 절대 무보수가 아니다. 다른 사람보다 더 믿을 수 있는 부모님께는 더 많은 돈을 드려야 한다. 그것이 돈을 벌어야 하는 이유다. 그렇다고 한 사람이 회사를 그만두고 아이를 돌보면 윤택한 삶은 사라지고 팍팍한 삶이 기다리고 있었다. 행복하려고 결혼했는데, 우리의 10년 뒤 미래는 결코 행복할 것 같지 않았다. 나는 맞벌이를 하며 아이를 키울 자신이 없었다. 또한 좋은 회사를 다닌다는 사실은 내 미래를 보장해주지 않는다. 노후가 준비돼있지 않으면 20년 뒤 우리 부부의 미래도 장담할 수 없었다.

지금 다니는 직장이, 또는 사업이 만족스럽든 그렇지 않든 10년 뒤를 준비해야 한다. 금융 위기나 코로나19로 언제든 어려워질 수 있는 회사만 믿고 있기에는 불안하다. 내가 어려워졌을 때 버틸 수 있는 것은 내 통장, 내 집, 내 가족이다. 지금 당장 투자해야 하는 이유다.

주변에 부자가 있다면 따라 해라

우리나라는 국민들에게 열심히 공부해서 최고의 월급쟁이가 되는 교육을 한다. 학창 시절 전교 1등을 해서 의사가 되면 병원에 속한 월급쟁이가 되고 이후 돈을 모아 어떻게 병원을 차리고 운영하는지는 알려주지 않는다. 창업에 대한 교육은 하지 않으면서 일자리 창출만 외치고 있다. 본인이 번 돈을 어떻게 지키고 불릴 수 있는지 학교에서는 알려주지 않는다. 그래서 정규교육을 받았다면 그 뒤에는 알아서 공부해야 한다.

의사 정도의 전문직이라면 자신이 배운 일로 창업을 할 수 있지만 보통의 직장인들은 본인이 배운 일로 창업하기가 쉽지 않다. 그래서 나는 돈을 모아 내 집에 투자하기로 했다. 내 집은 내가 어려워졌을 때 나를 지켜줄 수 있을 것 같았고 그래서 부동산을 공부하기 시작했다.

본 책에는 내가 부동산 투자를 하면서 직접 겪은 시행착오와 느낀 점들을 기록했다. 부동산 투자는 전 재산이 움직이는 것이라 쉽게 시작하기 어렵다. 그래서 주변 사람들의 경험담이 큰 도움이 된다.

"사촌이 땅을 사면 배가 아프다"라는 옛말이 있다. 배 아픈 데서 끝나지 말고 나는 더 좋은 땅을 따라 사야 한다. 하지만 투자를 진짜 잘하는 사람들은 본인이 투자한 것에 대해 주변 사람들에게 자세히 말하지 않는다. 미래의 가치를 읽을 줄 모르는 사람들이 하는 "부동산 폭락한다", "잘못 샀다", "이런 걸 왜 이 돈 주고 사?" 같은 말을 듣기 싫으니까. 그래서 여러분은 본 책을 통해 부동산 투자자들이 알려주지 않는 비법을 배울 수 있길 바란다.

2022년 5월

고상애(무한벌이)

차례 -

Part 3 부동산 부자로 만들어준 습관들

Part 4 부동산 재테크 노하우

 Part 1

월급쟁이 엄마의 부자 마인드

처음에는 나도 할 수 있는지 몰랐다

위기가 기회다

새내기 직장인이 돼 첫 월급을 받고는 곧바로 은행으로 달려가 적금에 가입했다. 내가 아는 돈을 모으는 유일한 방법이었다. 그런데 어느 날 다니던 회사 부장님의 표정이 별로 좋아 보이지 않았다. 가입한 펀드가 자꾸 떨어진다며 다른 사람들의 펀드는 어떤지 물어보셨다. 그때 펀드라는 단어를 처음 들었다. 당시 뉴스에서는 미국발 금융 위기 소식이 흘러나왔다. 미국발 금융 위기인데, 왜 우리나라 펀드가 떨어지는 걸까? 바로 옆 김 대리는 펀드에 넣어둔 결혼 자금이 반토막이 됐다며 울상을 지었다. 그제야 펀드가 무엇인지 궁금해져 재테크에 대해 공부하기 시작했다. 펀드가 무엇인지, 주식이 무엇인지, ETF가 무엇인지.

은행에 가서 펀드에 가입했다. 미국발 금융 위기로 2009년 당시 코스피는 900대였다. 이전에 펀드에 대해 몰랐던 것이 어쩌면 천운이었다. 몇 달 뒤부터 경기가 회복되며 900대에 머물던 코스피는 1년 뒤 1600이 됐다. 내가 가입한 펀드는 약 200%의 수익을 냈다. 매달 50만 원씩 납입했는데, 원금 600만 원이 1년 만에 1,400만 원이 됐다. 재테크 초보자 치고는 괜찮은 성적이었다.

20대 중반의 나는 종잣돈 1,400만 원을 어떻게 굴려야 할지 몰랐고 그대로 펀드에 넣어뒀다. 어느 날 어머니께 전화가 왔다. 사고 싶은 집이 있는데, 아버지께서 못 사게 하신다고. 어머니는 1,400만 원밖에 없다는 나를 부동산 중개 사무소로 데리고 가셨다. 그 집은 오래된 빌라의 1층이었다. 평수는 28평 정도로 꽤 넓었지만 많이 낡은 집이었다. 중개 사무소에서는 1층이라 시세보다 싸게 나왔다고 했다. 매매가는 8,000만 원이었다.

어머니는 전세를 놓으면 6,000만 원을 받을 수 있으니 나머지 2,000만 원과 세금과 경비로 사용할 200만 원만 추가로 준비하라고 하셨다. 처음에는 내가 가진 돈이 1,400만 원이니 800만 원이 부족해 안 된다고 거절했다. 하지만 어머니는 안 된다고만 하지 말고 은행에 가서 빌려보라고 하셨다. 그 집이 마음에 꼭 드는 것은 아니었지만 2,000만 원 정도면 사도 괜찮겠다는 생각이 들었다. 대출이 두려웠지만 펀드에 넣어둔 돈이 줄어드는 것도 두려웠기에 그 집을 사기로 마음먹었다.

잘 받은 대출은 돈과 시간을 벌어온다

내가 대출의 두려움을 깰 수 있었던 결정타는 대출을 경험해 봤다는 사실이었다. 사회에 첫발을 내딛은 나에게는 대학생 시절 받았던 1,200만 원의 학자금 대출이 있었다. 월급을 받으면 가장 먼저 대출금을 갚았다. 마지막 대출 통장을 없애면서 취업 1년 만에 원금과 이자를 모두 갚은 내가 대견했다. 학생 신분으로 학비를 벌어 등록금을 내려 했다면 1년이 아니라 훨씬 긴 시간이 걸렸을 것이다. 미래의 수입을 현재로 끌어오는 대출은 나의 시간을 벌어줬다.

이 경험은 다시는 만나기 싫었던 대출이었지만 아이러니하게도 다시 대출을 할 수 있게 해줬다. 1년이면 800만 원을 갚을 수 있을 거라는 확신이 들었기 때문이다. 대출을 받아 내 이름으로 된 첫 집을 샀다. 세입자는 중개 사무소에서 연결해줬고 보증금 6,000만 원에 월세 10만 원을 받았다. 월급 외 매달 10만 원의 수입이 더 생겼고 대출이자를 내고도 남는 돈이었다.

나의 소중한 종잣돈은 펀드에서 부동산으로 갈아탔고 집을 사기 위해 대출받았던 돈은 스스로 돈을 벌어와 이자를 내줬다. 만약 월급을 모아 집을 사려 했다면 5년 정도가 더 걸렸을 것이고 그때는 8,000만 원으로 그 집을 살 수도 없었을 것이다.

8년 뒤 그 집은 1억 3,500만 원에 팔렸다. 집을 판 이유는 세입자가 곰팡이가 심해 나가겠다고 했기 때문이다. 집수리를 하면 목돈이 들어가야 했기에 팔기로 결정했다. 집은 한 달 만에 팔렸다. 8년 동안 보증금과 월세를 올리지 않았더니 세입자는 보증금 6,000만 원에 월세 10만 원을 내고 계속 살았다. 나 대신 집 매매금의 6,000만 원을 낸 것이나 다름없는 세입자는 8년 뒤 그 돈을 회수해갔다. 2,000만 원을 투자해 5,500만 원의 시세 차익을 얻었고 매달 10만 원씩 8년을 받았더니 월세 수입만 1,000만 원 가까이가 됐다.

빌라 투자 내역

(단위 : 만 원)

매수 내역 (2010년 6월)		대출 내역		월세 임대 내역		매도 내역 (2018년 1월)	
매수가	8,000	대출금	800	보증금	6,000	매도가	1억 3,500
부대 비용	180	월 이자 상환액	26,700원	월세금	10	시세 차익	5,500
				8년간 월세 수익	960		
실투자금				**수익률**(양도세 제외)			
2,180				252%			

누구나 처음은 있다. 처음 가입한 적금, 처음 산 복권, 처음 만

든 펀드나 주식 계좌, 처음 산 집. 부동산은 초기 투자 비용이 높아 진입 장벽이 높다. 전 재산을 걸어야 할 수도 있기에 신중할 수밖에 없다. 나도 10년 전에는 내가 부동산을 살 수 있을지도, 부동산 투자로 책을 쓰게 될지도 몰랐다.

부동산 투자의 첫길을 터준 어머니가 있었던 것은 나에게 큰 행운이었다. 여러분에게 그런 부모님이 없다고 걱정하지 말자. 현재 30억 원 규모의 부동산을 보유하신 내 어머니도 처음에는 주변에 부동산 투자를 하시는 분이 없었다. 그런데 어떻게 시작하실 수 있었을까? 도서관에서 부동산 투자와 재테크 책을 읽고 평생 교육원에서 관련 수업을 들으셨다.

이 책은 여러분을 부동산 투자의 길로 이끌어줄 것이다. '에이, 요즘 누가 펀드를 가입해? 또 8,000만 원짜리 집이 어딨어?'라고 생각하는가. 지금도 둘러보면 8,000만 원짜리 집은 있고 투자 방법은 무궁무진하다. 중요한 건 꼭 해내고야 말겠다는 마음가짐이다. 이 책을 읽은 뒤 본인 이름으로 된 부동산을 하나라도 만들어볼 생각이 있는가?

사고 싶은 것에 대한 마음

기억에 남는 어느 중년 여배우의 인터뷰가 있다.

여배우　"제가 하고 있는 이 귀걸이가 얼마 정도 할까요?"

MC　　"꽤 비싸 보이는군요."

여배우　"아니에요. 시장에서 산 만 원짜리예요. 저는 사람이 명품
　　　　이 되려고 노력해요. 사람이 명품이면 무엇을 걸쳐도 빛
　　　　나 보여요. 그러면 명품을 살 필요가 없어요."

　사람도 진짜와 가짜가 있다. 그것을 구분할 수 있는 눈을 길러
야 한다. 힘들게 명품 가방을 산 사람들은 주변에 자랑하기 바쁘
다. 하지만 진짜 부자는 주변의 눈을 의식하지 않는다. 본인이 노
력한 대가에 맞는 선택을 할 뿐이다. 타인을 의식하면서 '잘사는

척'하려는 사람이 되지 말자. 재산이 얼마인지가 중요한 것이 아니라 스스로 만족하는 부자가 돼야 한다. 남들과 비교하는 시간에 본인의 가치를 더 올리는 데 힘쓰는 게 어떨까?

돈을 모으면 무엇을 하고 싶은지 각 한두 줄 정도 분량으로 종이에 적어보자. 사소한 것들도 좋다. 그리고 삶에서 가장 만족도가 높은, 꼭 하고 싶은 것을 한 가지 선택하자. 그것이 돈을 벌고 모아야 하는 동기가 된다.

내가 만약 돈이 많다면,
비싼 옷이나 신발, 명품 가방을 사고 싶다.
외제차를 사고 싶다.
좋은 집에 살고 싶다.
어려운 사람에게 기부하고 싶다.
…

모두 적었다면 우선순위를 정해보자. 이는 본인이 가지고 있는 욕망의 우선순위를 정하는 과정이기도 하다. 욕망은 사람이라면 누구나 가지고 있는 감정이며 적당한 욕망은 살아가는 데 필수적이다. 일반적으로 돈이 적게 드는 순서로 우선순위를 정하지만 이렇게 하면 시간이 많이 걸린다. 욕망이 높은 순서로 우선순위를 정하면 중간 과정이 생략되기도 하고 특정 욕망이 사라지기도 한다.

내 경험상 자동차가 생기면 명품 가방은 사용하는 횟수가 줄어든다. 비싼 자동차 역시 주변에 인프라가 잘 갖춰진 동네의 좋은 집에 살면 타는 횟수가 줄어든다. 이처럼 지금 당장은 가지고 싶지만 막상 가지면 왜 샀나 싶기도 하고 상황이 변해 쓸모가 없어지는 것도 있다. 결국 돈을 많이 벌면 새로운 욕망이 생긴다.

꿈의 크기를 줄이지 말고 그릇을 키워라

사람을 종종 그릇에 비유한다. 그릇이 동그라면 담긴 물도 동그라미가 된다. 그릇이 네모나면 담긴 물도 네모가 된다. 깨진 그릇이라면 아무리 물을 담아도 모두 새어 나간다. 그릇이 크면 담을 수 있는 물도 많아진다. 돈도 물과 마찬가지다. 아무것도 안 하는데, 돈이 새어 나가는 사람이 있듯이 사람의 크기에 따라 돈도 담긴다.

풍요롭게 살고 싶다면 먼저 돈이 새는 구멍을 찾아 그 구멍을 막아야 한다. 그릇이 깨져 물이 새는데, 계속 퍼 나르는 건 물을 담는 데 아무 도움이 안 된다. 다음으로는 그릇의 크기를 키워야 한다. 그릇의 크기가 삶의 크기다. 그대로 두면 결코 커지지 않는다. 본인의 그릇이 작은 이유가 무엇인지 파악하고 그 그릇을 바꿔야만 돈을 모을 수 있다. 즉, 공부를 해서 키워야 한다. 세상에는 수많은 고수들이 많은 분야에서 성공을 거두고 있다. 마음과 생각의 크기를 키우지 않으면 우물 안 개구리가 된다.

새로운 것을 보았을 때, 몰랐던 것을 알았을 때 사람의 크기가 달라질 수 있다. 새로운 것을 접하고 본인 것으로 소화해—단순히 아는 것이 아닌—다른 관점과 결과를 만들어내면 그릇이 커진 것이다. 아는 것과 실행하는 것은 다르다.

나는 10년 동안 10억 원을 만들고 싶었다. 내가 노력해서 할 수 있는 가장 높은 목표라고 생각했다. 힘들겠지만 가능해 보였다. 1년에 1억 원씩 만들어야 하는데, 확실한 건 회사만 다녀서는 결혼해서 맞벌이를 해도 1년에 자산 1억 원을 불리는 건 힘들었다. 그래서 내가 생각한 방법은 1년마다 1,000만 원으로 1억 원짜리 집을 한 채씩 사는 것이었다.—이 방법은 Part 2에서 자세히 설명했다.—이렇게 10년 동안 1억 원으로 열 채를 사면 자산은 10억 원이 된다.

1억 원이라는 종잣돈을 모으고 싶다면 적은 돈도 아껴야 하므로 먼저 돈이 새는 곳이 있는지 찾아보고 그곳을 막는 것에 집중해야 한다. 필요한 것을 살 때 꼭 사야 하는 것인지 몇 번씩 고민하며 아끼고 또 아껴야 한다.

종잣돈을 모았다면 그때부터는 그릇의 크기를 키워야 한다. 1억 원을 10억 원으로 만들 수 있다면 10억 원을 100억 원으로, 또 1,000억 원으로 만들 수도 있다. 즉, 목표한 종잣돈을 모으며 돈을 불리는 능력도 키워야 한다. 그리고 그때부터는 적은 돈은 고민하지 말고 써라. 인터넷에서 최저가를 찾기 위해 시간을 쓰지 않아도 된다. 그릇의 깨진 곳에 대한 파악이 끝났기 때문이다. 10만 원을 꼭 써야 하는지 고민하는 시간에 10만 원을 마음껏 쓰기 위해 100만 원을 어떻게 벌지 고민하며 돈을 벌 수 있는 곳을 찾아 투자해라.

그릇이 작으면 금세 물이 채워진다. 하지만 큰 그릇도 작은 그릇과 같은 속도로 물을 채운다면 훨씬 많은 시간이 걸린다. 그래서 큰 그릇은 물을 더 세게 틀 방법을 고민해야 한다. 그래야 빨리 많이 채워진다. 작은 그릇에 물을 세게 틀어 채우려고 하면 금세 물이 넘쳐 원하는 만큼 담지 못한다. 이처럼 물이 채워지는 속도(돈을 버는 속도)와 담을 수 있는 그릇의 크기(돈을 바라보는 생각의 크기)가 잘 맞아야 남들보다 빨리 많은 물(돈)을 담을 수 있다.

꿈을 가진 사람은 두 종류로 나뉜다. 꿈의 크기를 현실에 맞춰 줄이는 사람과 꿈의 크기에 맞춰 스스로를 키워가는 사람이다. 만만한 게 하나도 없는 현실은 꿈의 크기를 줄이도록 강요한다. 대부분의 사람들은 현실과 타협하며 꿈의 크기를 줄이는 것에 순응한다. 반면 어떤 사람은 "비현실적이다", "허황되다", "욕심이 많다"라는 소리를 들으면서도 묵묵히 노력하고 인내하고 견디면서 본인의 그릇을 키워 결국 꿈의 크기만큼 커간다. 이런 사람을 두고 성공했다고 한다. 성공은 이루고자 하는 간절함과 노력의 정도에 따라서 기회가 왔을 때 놓치지 않고 잡을 수 있다.

고급 승용차를 타는 것이 꿈인 사회 초년생이 현실에 맞춰 경차를 사려고 하면 도로에서 무시당할 수 있다며 주변에서―돈을 보태줄 것도 아니면서―돈을 조금 더 보태 준중형급이나 중형급의 자동차를 사라고 한다. 그 말을 듣고 중형급 자동차를 산 뒤거기에 만족한다면 이것이야 말로 꿈의 크기를 현실에 맞춰 줄인 것이다. 꿈이 중형급 자동차를 타고 다니는 것은 아니었을 테니까.

한 사람이 죽어 신 앞에서 그 동안 어떻게 살아왔는지 재판을 받게 됐다.

"너는 지금까지 살면서 지은 가장 큰 죄가 무엇이라고 생각하느냐?"

"저는 지금까지 성실하게 살았다고 생각합니다. 무엇 하나 남의 것에 욕심을 낸 적도 없을 뿐더러 불평불만 없이 살았습니다. 물론 부족한 부분도 있었지만 그건 어쩔 수 없는 제 그릇의 크기라 생각하고 받아들였습니다."

신은 그를 향해 말했다.

"너의 죄는 내가 너에게 준 그릇의 크기를 전혀 키우지 않고 살아온 것이다. 내가 너를 세상에 보낼 때는 네 그릇의 크기를 더 키워오라는 것이었는데, 너는 고작 그 그릇만큼만 살다 왔으니 그것이 너의 가장 큰 죄다."

끊임없이 공부하고 실행해라

    고등학생 때는 좋은 대학을 가기 위해 공부하고 대학에 입학하면 좋은 직업, 좋은 직장을 갖기 위해 공부한다. 좋은 직업이나 좋은 직장을 가진 뒤에는? 우리가 공부를 하고 좋은 직업, 좋은 직장을 가지려는 공통된 목적은 돈일 것이다.

    「2021년 국민 독서실태 조사」 보고서에 따르면 우리나라 사람들의 연간 독서율은 학생은 91.4%, 성인은 47.5%였다. 종이책과 전자책, 오디오북을 합친 우리나라 초·중·고 학생들의 연간 독서량은 34.4권인 반면 성인의 연간 독서량은 4.5권이었다. 학창 시절에는 좋은 대학, 좋은 직업, 좋은 직장을 갖기 위해 공부를 하지만 성인이 된 뒤에는 공부를 하는 사람이 절반으로 줄어든다.

    앨런 그린스펀Alan Greenspan은 "글을 모르는 문맹은 생활을 불편하게 하지만, 금융 문맹은 생존을 불가능하게 만들기 때문에 더 무섭다"라고 했다. 학교에서 교양을 쌓고 직업을 갖기 위한 공부를 했다면 어른이 된 뒤에는 돈에 대한 공부를 해야 한다. 자본주의 사회에 살고 있다면 누구나 경제 공부를 해야 한다. 누군가는 돈을 주고 사람을 고용하고 누군가는 돈을 받고 남을 위해 대신 돈을 번다. 누군가는 은행에 돈을 맡기고 누군가는 은행에서 돈을 빌린다. 자본주의 사회에서는 본인이 어느 위치에 있는지 파악해 더 높은 위치로 올라갈 수 있는 방법을 연구해야 한다.

「2018 전국민 금융이해력 조사」에 따르면 우리나라 성인(만 18~79세) 기준 금융이해력 총점은 62.2점으로 OECD 평균(2015년 기준 64.9점)보다 낮았다. 하지만 2020년 조사에서는 66.8점으로 OECD 평균(2019년 기준 62.0점)보다 크게 올랐다. 코로나19가 촉발한 부동산과 주식 투자 광풍에 남녀노소를 가리지 않고 경제와 금융 공부에 나선 탓이라고 한다. 많은 사람들이 위기를 기회로 삼아 경제 공부에 전념하고 있다.

지금은 단군 이래 가장 돈 벌기 쉬운 사회다. 경제가 어떻게 돌아가는지 신문과 책에 모두 나와 있으며 인터넷에는 돈을 버는 각종 정보가 넘쳐난다. 그렇다면 공부만 하면 모두 부자가 될 수 있을까?

"시작이 반이다"라는 속담이 있다. 본 책을 읽고 있다면 이미 시작은 한 것이니 반은 했다. 그럼 나머지 반은 무엇일까? 실행이다. 주식 책을 읽었으면 주식을 사고팔아봐야 한다. 부동산 책을 읽었으면 부동산을 사고팔아봐야 한다. 그래야 남들한테 적어도 "주식 좀 해봤다", "부동산 좀 해봤다"라는 말을 할 수 있다.

공부를 하지 않고 무작정 실행만 하는 사람도 있다. 하지만 위기가 닥쳤을 때 공부로 다져놓은 기본기는 위기를 극복할 수 있게 도와준다. 특정 주식 종목을 제대로 공부해 그 가치를 알아본 사람은 주가가 떨어지면 주식을 더 살 것이다. 그리고 다시 주가가 오르면 더 많은 이익을 남기고 주식을 팔거나 더 오를 것이 예상되면 계속 가지고 있을 것이다.

부동산도 마찬가지다. 사려는 사람이 많고 팔려는 사람이 적으면 매도자 우위 시장, 사려는 사람이 적고 팔려는 사람이 많으면 매수자 우위 시장이다. 매수자 우위 시장이 지나고 가격 하락에 대한 두려움이 커지면 거래 절벽이 오고 부동산 가격은 바닥으로 떨어진다. 진짜 투자자는 매수자 우위 시장에서 남들이 보지 못한 가능성을 읽어내고 투자를 한다. 이때 저렴하게 부동산을 매수해놓고 가격이 올랐다는 뉴스가 나오면 팔거나 안 팔고 갖고 있기도 한다. 투자는 이렇게 느긋하게 해야 한다. 주식도 부동산도 짧은 기간에 수익을 내려 하면 더 큰 수익을 놓칠 수 있다. 다수가 사려고 할 때 사면 비싸게 사고 다수가 팔려고 할 때 팔면 제값을 받지 못한다. 평소 공부를 게을리 하지 않았다면 뉴스를 보면서 기회를 읽을 수 있다.

공부를 하고 제대로 실행한다면 월등히 좋은 수익률을 낼 수 있다. 노력하지 않고 돈을 많이 벌고 싶은 마음은 욕심이다. 또한 주가가 올랐든 내렸든 본인이 주식을 사지 않으면 아무 소용이 없으며 집값이 올라도 본인 것이 아닌데, 무슨 소용이 있을까? 어떤 주식이 올랐는지, 저 집이 누구 것인지 수다 떨 시간에 본인이 지금 살 수 있는 주식이나 부동산에 대해 공부하는 것이 훨씬 현명한 행동이다.

파리를 따라가면 쓰레기가 나오고 나비를 따라가면 꽃밭이 나온다. 거지를 따라가면 쓰레기더미가 나오고 부자를 따라가면 돈더미가 나온다. 사회에서는 누구와 함께하느냐가 중요하다. 주변에 따라 할 부자가 있으면 가장 좋겠지만 그렇지 못한 경우가 대부분이다. 부자가 옆에 있다 해도 하나하나 가르쳐주지 않는다. 그럴 때 본인을 이끌어줄 수 있는 게 책이다. 앞서간 사람들이 하나씩 따라 해보라고 미리 방법을 적어뒀다. 책을 보고 나서는 따라 해야 한다. 해보지도 않고 "된다", "안 된다"라고 말하는 건 의미가 없다.

은행의 진짜 고객은 누구일까?

돈은 어떻게 만들어질까?

은행에서 적금이 만기됐다는 문자를 받고는 돈을 찾아 예금통장으로 옮기고자 은행에 갔다. 내 앞에는 10명의 대기자가 있었다. 1시간 정도가 지나니 내가 맡겨둔 돈을 찾는 데 이렇게 오래 기다려야 한다는 사실에 슬슬 짜증이 올라왔다. 그때 한 손님이 은행에 들어와 대기표를 뽑더니 곧바로 창구에 앉았다. 대출 창구였다.

은행의 진짜 고객은 돈을 맡기는 적금이나 예금 고객이 아니라 돈을 빌려주는 대출 고객이다. 예금 고객은 은행에서 이자를 챙겨줘야 하지만 대출 고객은 은행에게 이자를 준다. 유통업계로 치면 예금 고객은 납품업자(대금 지급처)이고 대출 고객은 소비자(매출처)다.

은행의 진짜 고객

예·적금(납품) → 은행 → 대출(판매, 매출)
이자 지급(대금 지급) ← 은행 ← 이자 지급(물건 구매)

예·적금 고객(납품업자) — 은행 — 대출 고객(소비자)

　EBS 다큐프라임 「자본주의 1부 - 돈은 빚이다」에서 다룬 은행
의 역사를 살펴보자.

　은행의 역사는 16세기 영국에서 시작됐다. 옛날에는 지금의
화폐 대신 금을 사용했다. 그런데 무겁고 들고 다니기 불편했던
금을 금 세공업자가 휴대하기 편리한 금화로 만들었고 이 금화
를 보관하는 금고도 함께 마련했다. 사람들은 세공업자의 금고
를 빌려 자신의 소중한 금화를 맡겼고 세공업자는 금화를 맡긴
사람들에게 보관증을 써줬다. 이 보관증만 가져오면 언제든 맡
긴 금화를 찾을 수 있었다.—세공업자는 지금의 은행 같은 역할
을 했지만 다른 점은 보관 비용을 내야 했다.—시간이 흘러 사람
들은 금화 대신 보관증으로 거래를 하기 시작했다. 금화보다 훨
씬 가볍고 언제든 세공업자에게 가 금화로 바꿀 수 있었기 때문
이다. 그것을 본 세공업자는 사람들이 한꺼번에 모든 금화를 찾

으러 오지 않는다는 사실을 깨달았다. 재치를 발휘해 돈이 필요한 사람들에게 보관 중인 금화를 빌려주고 이자를 받았다. 대출이다. 세공업자는 대출을 통해 받은 이자로 큰 이익을 남겼다. 하지만 이 사실을 알아챈 사람들이 항의하자 세공업자는 한 가지 제안을 했다. 돈이 필요한 사람들에게 대출해주고 이자를 받으면 그것을 금화를 맡긴 사람들과 나누겠다는 것이다. 이것이 바로 예금이다. 사람들은 괜찮은 거래라고 생각했다. 세공업자는 더 욕심이 생겼고 금고에 있지도 않은 금화를 마음대로 보관증을 써 빌려주기 시작했다. 있지도 않은 금화의 이자 수익까지 벌어들이다 보니 세공업자는 엄청난 부를 축적한 은행업자로 대변신을 했다. 그리고 사람들이 통상 약 10%의 금화를 찾으러 온다는 사실을 알고는 금고에 있는 금화보다 10배나 많은 보관증을 발행했다. 이것이 오늘날 통화정책수단의 하나인 지급준비율의 토대가 된다. 우리가 은행에 맡긴 예금액의 대부분은 은행에 존재하지 않고 대출을 통해 시중에 유통되고 있다.

현재 우리나라의 지급준비율은 2022년 3월을 기준으로, 예금 종류에 따라 오른쪽 표와 같으며 최고 7%다.

우리나라의 예금 종류별 지급준비율

예금 종류	지급준비율
장기주택마련저축, 재형저축	0.0%
정기예금, 정기적금, 상호부금, 주택부금, CD¹	2.0%
기타 예금	7.0%

출처 : 한국은행

은행은 지급준비제도를 통해 예금액을 다시 대출해줌으로써 처음 고객에게 받은 예금액보다 더 많은 돈을 창조할 수 있다. 은행의 진짜 고객은 예금 고객이 아니라 대출 고객이다.

은행은 예금 고객과 대출 고객을 돌고 돌아 여러 사람의 통장에 수많은 돈을 찍어낸다. 시중에 돌고 있는 돈은 은행이 대출을 통해 찍어내는 돈이다. 대출을 많이 해주면 시중에는 더 많은 돈이 돌게 되고 대출을 규제하면 시중에 돈은 더 이상 풀리지 않는다. 누군가가 집을 살 때마다 은행은 돈을 만들어낸다.

....

1   지급준비예치대상 금융기관을 상대로 발행된 경우는 제외한다.

같은 배를 탄 동업자

위 사실을 깨달음과 동시에 나는 은행의 대출 고객이 돼 돈을 찍어내는 사람이 되겠다고 결심했다. 그럼 은행에서 대출을 잘 해주는 사람은 누구일까? 두 종류가 있다. 소득이 높은 사람과 담보가 좋은 사람이다. 소득은 몸값을 높이면 올라가고 담보는 부동산을 사면 늘어난다. 그래서 대출을 최대한 활용해 부동산을 늘렸다. 아파트를 사고 건물을 사고 땅을 사면서 대출을 받으니—담보의 가치에 따라 대출액은 다르지만—은행은 나를 VIP 고객으로 대접해줬다. 예금과 적금에 많이 가입해도 은행 VIP 되기가 쉽지 않은데, 부동산 투자를 하면서 은행에서 대접받게 된 것이다. 자본가이자 제대로 은행의 소비자가 된 것이다.

혼자서 일하는 것보다 여럿이 힘을 합쳐 일하는 것이 훨씬 유리하다. 종잣돈이 3,000만 원이면 '3,000만 원짜리 집이 어디 있겠어!' 하고 포기하는 사람이 있는 반면, 누군가는 3,000만 원으로 7,000만 원을 대출받아 1억 원짜리 집을 산다. 부동산 투자에서 은행은 동업자다. 동업자이기 때문에 수익을 나눠주는 것은 당연하며 그것을 이자라는 이름으로 지급한다.

만약 대출을 받아 집을 샀다면 매달 은행에 이자와 원금을 갚아야 한다. 그러다 다른 집으로 이사를 하면 기존 집은 전세를 놓고 전세 보증금으로 대출금을 갚거나 월세를 놓고 매달 받는 월세로 대출이자와 원금을 갚으면 된다. 은행은 내가 집을 살 수 있게 도와주는 동업자이고 이자는 집을 활용해 만들어내는 것이다. 거기에 더해 시세가 오르면 그 차익은 내 몫이고 시세가 떨어져도 그 역시 내 몫이다. 이 정도면 꽤 괜찮은 동업자가 아닐까?

회사는 나를 끝까지 책임지지 않는다

좋은 회사에 취직한다고 미래가 보장되지 않는다

남들이 부러워하는 회사, 이름만 들어도 누구나 아는 회사, 그런 회사에 다닌다는 건 행운이다. 회사를 위해 일하면 나도 성장하는 것 같아 일하는 게 즐거웠다. 회사를 위하는 게 나를 위한 것이라 여기며 청춘을 바쳐 일했고 보람도 느꼈다. 그렇게 승진이 빠른 사람들은 일찍이 '장' 타이틀을 달았다. 하지만 더 높은 자리로 가고자 끝없는 경쟁 끝에 결국 살아남는 사람은 극소수였다.

외국계 기업에 다닐 때 있었던 일이다. 실적이 좋은 사람들을 모아 컨설팅 그룹을 만들었는데, 그중 한 팀은 엘리트들만 모아 회사의 주력 사업을 추진했다. 하지만 경기가 악화되자 꼭 필요한 부서만 남기고 컨설팅 그룹은 구조 조정으로 사라졌다. 그렇게 팀도 사람도 사라져버렸다.

회사 생활을 열심히 하지 말라는 말이 아니다. 다만 본인은 회사에 속한 하나의 부품이라는 사실을 기억해야 한다. 여러 부품들이 잘 맞물려 각자 맡은 일을 잘 해내면 멋진 결과가 나타난다. 그리고 그 멋진 결과는 본인이 만든 게 아니라 회사가 만든 것이다. 그럼 회사에서 본인이 빠져버리면? 회사는 다른 부품을 찾아 비슷한 결과를 낼 것이다.

그렇다면 본인의 생활에서 회사가 빠져버리면? "안 돼"라는 대답이 먼저 나온다면 본인이 회사를 더 사랑하고 있는 것이다. 연애에서 덜 사랑하는 사람보다 더 사랑하는 사람이 상처받기 일쑤다.

결혼을 하고 아이를 가져야겠다고 생각했을 때 양가 부모님께 양육을 부탁하거나 베이비시터를 구해야 했다. 결국 한 사람이 더 필요한 상황이었다. 다행히 육아휴직을 2년간 쓸 수 있어 출산을 결심했다. 여자로서 아이를 갖겠다는 생각은 일을 쉬거나 회사를 그만둬야 한다는 결정과도 같다. 이런 이유 때문에 남자보다 여자가 휴직이나 은퇴를 고민하는 시점이 더 빠를 것이다. 하지만 남자도 언젠가는 휴직과 은퇴를 고민하는 시점을 맞이한다. 시기의 차이다.

노동을 하지 않고도 어떻게 먹고살 것인지 고민해야 한다. 그

것이 빨리 해결되면 회사와의 연애에서 '밀당'을 할 수 있다. 싫은 소리를 들어도 상처받지 않고 넘어갈 수 있고 억지로 참지 않아도 된다. 그럼 쓸데없는 신경전을 하지 않아도 되니 그 에너지는 업무 역량으로 이어질 수도 있다.

회사를 그만두면 어떻게 먹고살지 한 번쯤 고민해본 적이 있을 것이다. 하지만 당장 해결책이 나오지 않으니 결국에는 '회사나 열심히 다니자'라는 결론을 내리고 현실로 돌아간다. 나는 조금 더 깊이 고민해보기로 했다. 지금 해결책을 고민하지 않으면 더 나이가 들어서 같은 고민을 다시 해야 했기 때문이다.

회사에 얽매이지 않고 살기 위해서는 먹고사는 문제가 해결돼야 했다. 아이가 없던 신혼 때 우리 부부가 한 달 동안 쓰는 비용을 계산해보니 각종 보험료, 관리비, 대출 원리금(원금+이자) 등 숨만 쉬어도 고정비로 대략 200만 원이 사라졌다. 거기에 먹고 싶은 거 먹고, 사고 싶은 거 사는 데 쓰는 생활비가 100만 원 정도 들었다. 게다가 아이가 태어나면 생활비는 200만 원 정도로 늘어날 것이고 그럼 한 달에 400만 원이라는 돈이 필요했다. 예비금도 모아야 하니 500만 원 정도가 적당했다. 맞벌이라면 두 사람이 버니 이 금액을 만들어낼 수 있지만 외벌이라면 씀씀이를 줄이거나 아이를 키우면서 맞벌이할 때처럼 다른 방법으로 돈을 벌어야 했다.

회사를 다니지 않고 돈을 버는 방법에 대해 고민했다. 이때 생각한 것이 대출을 받아 집을 사서 월세를 받는 방법이었다. 월세를 받으면 초기에는 대출이자 때문에 남는 게 많이 없겠지만 대출을 다 갚고 나면 50만 원씩 월세가 나오는 집 네 채만 있어도 생활비 200만 원이 만들어진다. 나아가 열 채가 되면 매달 500만 원이 만들어지니 두 사람 모두 회사에 얽매이지 않아도 됐다. 그래서 '월급 받는 부동산'을 만들기로 결심했다. 물론 빚 없이 열 채를 만드는 게 쉽지는 않겠지만 시도해보기로 했다. 이렇게 나는 부동산 시장에 첫발을 내딛었다.

현장에서 부딪히며 자산 포트폴리오를 1년에 몇 번씩 재구성했지만 이 결심이 삶에서 예상치 못한 일이 생기면 회사 말고도 돈을 벌어다 주는 시스템이 될 것이라 생각했다. 부동산에 투자한 첫해에 다섯 채의 집을 샀고 맞벌이할 수 있는 시간이 얼마 남지 않았다고 생각하니 마음이 급해졌다. 그래서 공격적으로 투자했고 맞벌이에서 외벌이가 되는 대신 새로운 머니파이프를 여러 개 만들어 회사를 다니지 않는 '무한벌이'가 되기로 했다. 이 무한벌이는 내 초심이자 내 블로그의 이름이 됐고 퇴사 뒤 내가 만든 회사의 이름이 됐다. 그리고 결혼 6년 차에 대학가 원룸 16개의 건물주가 됐다. 이 이야기는 Part 2에서 자세히 다뤘다.

경주 최부잣집은 어떻게 부를 쌓았을까?

경주 최부잣집은 얼마나 부자길래 그 명성이 아직까지 이어져 오는 걸까? 최부잣집은 조선조 경주 최씨 가문이 17세기 초반부터 20세기 중반까지 약 300년 동안 부를 이어온 집안이다. 대대손손 가훈을 지키며 부를 쌓았고 나그네나 부랑자들에게 돈과 밥을 나누는 선행을 베풀었다. 노블레스 오블리주를 몸소 실천한 것으로 유명하다.

1대 최진립은 여러 관직을 지내며 많은 전쟁에 참전해 공을 세웠다. 공으로 쌓은 부를 2대 최동량에게 물려줬고 최동량은 그 재산으로 땅을 구입했다. 그 땅에 둑을 세우고 농사를 지었으며 소작농이 땅을 쓰고 싶어 하면 수확한 곡식의 반만 소작료로 받았다. 중간 관리자 마름도 두지 않아 비용도 절약했다. 다양한 농업 기술을 개발해 수확량도 크게 늘려 계속해서 부를 확장했다.

경주 최부잣집

우리나라 전체 역사에는 지주地主라는 계층이 존재했다. 지주는 자신이 소유한 땅을 남에게 빌려주고 지대地代를 받는 사람이다. 또한 땅을 빌려 농사를 짓는 사람은 소작농, 대가로 지주에게 치르는 사용료를 소작료라고 했으며 소작료는 쌀이나 농산물로 대신했다. 지주들은 직접 노동을 하지 않고도 경제활동을 했다. 예로부터 지주층은 존재했으며 대부분의 양반은 지주층이었다.

예나 지금이나 부동산을 많이 가진 사람이 부자다. 시간이 흐르며 사회, 제도, 환경 등 많은 것이 변했지만 변하지 않는 것이 있다. 부동산을 빌려 주는 사람과 부동산을 빌려 쓰는 사람이 있다는 사실이다. 이 변하지 않는 진리를 보고 기왕이면 나도 부동산을 빌려 주는 사람이 되기로 마음먹었다.

 Part 2

부동산 머니파이프를 만드는 3단계 프로젝트

내 집 마련

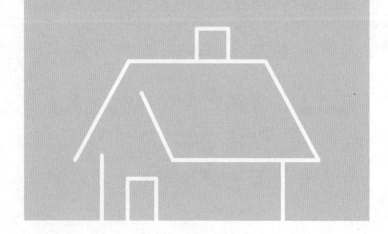

종잣돈을 모은다고?

종잣-돈(種子돈)

어떤 돈의 일부를 떼어 일정 기간 동안 모아 묵혀둔 것으로, 더 나은 투자나 구매를 위해 밑천이 되는 돈

    오랜만에 가족들과 한적한 곳으로 캠핑을 갔다. 장작을 쌓아 올려 토치로 불을 붙이려는데, 가스 한 통을 다 써도 쉽게 붙지 않았다. 지나가던 어르신이 한참 애를 쓰는 내 모습이 안타까웠던지 혀를 끌끌 차시며 "물을 끌어 올리려면 마중물이 있어야 하듯이 불을 붙이려면 마중불이 있어야 해"라며 주변에 흩어져 있는 지푸라기를 모아오라고 하셨다. 이어서 "지푸라기는 불이 잘 붙지만 금방 타서 사라져버려. 대신 그 지푸라기의 불씨가 마중불이 돼 장작 밑에 넣어두면 장작으로 옮겨붙어 큰 불이 될 수

있어"라고 조언해주셨다.

어르신의 말을 듣고 장작 속에 지푸라기를 넣어 불을 붙였다. 잘 타올랐다. 불이 꺼지지 않도록 지푸라기를 추가로 넣으면서 바람도 불어넣었다. 바람을 탄 불은 너울너울 춤을 추며 장작을 태웠다. 그리고 얼마의 시간이 지나자 지푸라기는 다 타고 재가 됐지만 그 불씨는 장작에 옮겨붙어 큰 불이 됐다.

장작불 이야기를 간단하게 요약해보자.

- 작은 불은 쉽게 붙지만 금방 사라진다.
- 큰 불을 만들려면 작은 불을 얼마 동안 태우면 큰 불로 옮겨간다.

장작불을 돈이라고 생각해보자.

- 작은 돈은 쉽게 만들지만 금방 사라진다.
- 큰돈을 만들려면 작은 돈을 얼마 동안 굴리면 큰돈으로 옮겨간다.

세상의 이치는 크게 변하지 않는다. 물을 끌어 올리려면 마중물이, 불을 붙이려면 마중불이 있어야 하듯이 돈을 모으려면 '마중돈'이 필요하다. 종잣돈이 바로 마중돈이다. 작은 돈은 금방 사라지지만 그 작은 돈을 잘 굴리면 큰돈이 될 수 있다. 부동산 투자를 하겠다고 마음먹었다면 모아둔 종잣돈이 있어야 한다.

그렇다면 종잣돈을 얼마나 모아야 집을 살 수 있을까? 금액은 중요하지 않다. 처음에는 불을 붙이려는 의지가 필요하고 불이 붙었다면 그 불이 꺼지지 않도록 유지하는 노력이 필요하다. 그리고 불이 꺼지지 않고 유지되는 동안에 장작을 만나면 불은 커진다. 부동산 투자는 장작불이다. 작은 돈을 계속 모으면서 꾸준히 공부하다 부동산을 사는 순간 내 종잣돈의 덩치가 비로소 커진다.

예를 들어보겠다. 대기업에 다니는 자녀가 없는 맞벌이 부부가 한 달에 500만 원씩 저축한다고 가정해보자. 부부는 전세를 살면서 1년 동안 6,000만 원을 모았고 꽤 괜찮은 아파트를 대출 없이 사고 싶었다. 3년 조금 넘는 시간 동안 돈을 모았더니 이자까지 합쳐 2억 원 정도를 모았다. 대출을 일부 받으면 5억 원짜리 구축 아파트 A를 살 수 있었지만 몇 년 더 돈을 모아 8억 원짜리 신축 아파트 B를 사고 싶었다. 부부는 전세 계약을 한 번 더 연장하고 돈을 더 모으기로 했다. 그런데 시간이 지나면서 집값이 오르더니 5억 원짜리 구축 아파트 A는 8억 원이 됐고 8억 원짜리 신축 아파트 B는 12억 원이 됐다. 결국 전세 계약 만기 시점에 울며 겨자 먹기로 대출을 받아 8억 원을 들여 구축 아파트 A를 샀다.

두 번째 예를 살펴보자. 아이를 키우는 외벌이 부부는 저축할 여유가 많이 없었다. 한 달에 50만 원씩 적금에 넣기도 빠듯했다. 이런 속도로는 10년 동안 돈을 모아도 평생 집을 살 수 없을 것 같아 종잣돈 5,000만 원에 대출을 받아 1억 5,000만 원짜리 낡은 구축 아파트 C를 샀다. 적금에 넣던 돈은 대출이자로 내고 거기에 원금까지 빠듯하게 갚아나가던 중 주변에서 재건축 이야기가 나오기 시작했다. 그러더니 어느 시점부터 집값이 천정부지로 올랐고 시세는 8억 원이 됐다.

부동산 시장이 호황일 때면 이런 이야기가 심심찮게 들린다. 종잣돈이 많다고 결코 재테크를 잘 하는 것은 아니다. 그렇다면 종잣논은 얼마면 적당할까? 다시 말하지만 금액은 중요하지 않다. 종잣돈을 잘 굴려 돈이 스스로 돈을 벌어오게 해야 한다. 그것이 주식이 됐든, 펀드가 됐든, 부동산이 됐든, 사업이 됐든 적은 돈이라도 '투자'를 경험해봐야 한다. 그래야 작은 돈이 큰돈이 되었을 때 실수를 줄일 수 있다.

위의 첫 번째 예에서 신축 아파트 B를 사는 것이 목적이라면 2억 원을 통장에 넣어두지 말고 그 돈으로 살 수 있는 집을 사뒀다 돈이 더 모이면 먼저 산 집을 팔고 목표하던 신축 아파트 B를 사야 한다. 이것이 종잣돈을 굴리는 것이다.

조금 더 쉬운 다른 예를 살펴보자.

[예 1] 물가가 올랐을 경우

1,000원짜리 사탕이 있다. 영희는 사탕을 먹고 싶은데, 사탕 값이 떨어

질 것 같아 사탕을 안 샀다. 하지만 철수는 사탕을 샀고 물가가 올라 사탕 값은 1,200원이 됐다. 이제 영희는 돈이 모자라 사탕을 살 수 없고 철수는 사탕을 아껴 먹으며 미리 잘 샀다고 생각했다.

[예 2] 물가가 내렸을 경우

1,000원짜리 사탕이 있다. 영희는 사탕을 먹고 싶은데, 사탕 값이 떨어질 것 같아 사탕을 안 샀다. 하지만 철수는 사탕을 샀고 물가가 내려 사탕값은 800원이 됐다. 철수는 1,000원일 때 사탕을 사서 조금 손해를 봤지만 일찍 사탕 맛을 봤기에 후회는 없었다. 반면 영희는 사탕 값이 떨어질 줄 알았다며 돈을 아꼈다고 좋아하면서 사탕 값이 더 떨어질 것 같아 조금 더 기다려보기로 했다. 하지만 사탕 값은 다시 올라 900원이 됐다. 영희는 그제야 처음보다 100원 싸게 사탕을 사 먹었다. 사탕 값을 신경 쓰며 가슴을 쓸어내렸던 기억을 떠올리니 사탕이 더 달콤한 것 같았다.

마시멜로 이야기를 아는가? 아이들에게 마시멜로 1개를 주면서 바로 먹지 않고 5분 동안 기다리면 2개를 준다고 말해 아이들이 안 먹고 참을 수 있는지 살펴보는 실험이다. 우리는 마시멜로를 먹지 않고 기다린 영희가 더 부자가 될 확률이 높다고 배웠다. 하지만 '[예 2] 물가가 내렸을 경우'에서 영희가 사탕을 싸게 산 금액인 100원은 먹고 싶은 것을 먹지 않고 참고 기다린 보상이다. 그리고 영희는 열심히 일했지만 먹고 싶은 사탕을 먹지 않고 참는 데 에너지를 많이 써서 본업의 효율이 떨어졌다. 반면 철수는 사탕을 100원 더 비싸게 샀지만 영희보다 빨리 사탕 맛을 봤다. 그리고 사탕을 먹으며 행복했던 시간에 본업에 집중할 수 있어 100원보다 더 많은 돈을 벌었다면 이야기는 달라진다.

학교에서는 감당할 수 있는 수준의 손해라면 과감하게 투자해야 한다는 교훈을 가르쳐주지 않는다. 월급쟁이 교육을 하는 것이다. 그런데 부자가 되려면 생각부터 바꿔야 한다. 철수와 영희 이야기를 보면 가격 상승장에서는 사탕을 먼저 산 철수가 영희보다 월등히 유리하다. 그리고 가격 하락장에서는 사탕을 먼저 산 철수는 비록 100원을 손해 봤지만 영희보다 빨리, 마음 편히 사탕을 먹을 수 있었다. 반면 영희는 철수가 달콤한 사탕을 먹는 동안 사탕 값이 오를까 내릴까 신경 쓰며 먹고 싶은 욕구를 참느라 육체적으로, 감정적으로 많이 지쳤다. 하지만 다행히 가격이 떨어져 사탕을 100원 싸게 살 수 있었다.

여러분이 사탕을 100원 싸게 사기 위해 마음고생을 감수하겠다면 본 책을 더 이상 읽을 필요가 없다. 하지만 마음고생을 덜 하고 가격 상승장이 왔을 때 더 많은 이득을 얻고 싶다면 본 책을 읽어야 한다.

주식이든 집이든 가장 저렴할 때 구입하겠다고? 발등에서 사서 머리 꼭대기에서 팔겠다고? 신이 아닌 이상 절대 불가능하다.

메리츠자산운용사의 대표 존리는 "내년에 이 주식이 오를까요?" 라는 질문은 "내년 오늘 날씨가 어떨까요?"라고 묻는 것과 같다고 했다. 그만큼 주식시장과 날씨는 예측대로 움직이기 어렵다는 사실을 빗대어 말한 것이다.

부동산을 무릎에서 사서 어깨에서 파는 것은 시황을 많이 보다 보면 감이 생겨 어느 정도 가능하지만 실거주용 집은 그렇지 않다. 투자 목적으로 부동산을 사고팔 타이밍을 보는 동안에도 살아야 하는 집은 여전히 필요하기 때문이다. 늦게 살수록 월세든 전세든 비용은 계속 늘어난다. 나중에 집을 싸게 사더라도 결국 들어가는 비용은 똑같다.

돈이 부족하면 가진 돈에 맞는 집을 사면 된다. 10억 원짜리 신축 아파트에 살고 싶다면 10년 동안 돈을 모아 구입할 것이 아니라 1억 원짜리 본인 집에 살면서 돈을 모아 2억 원짜리 집으로, 다시 5억 원짜리 집으로, 그리고 10억 원짜리 집으로 옮기는 게 빠른 길이다. 대신 이사는 많이 해야 한다. 집을 안 사도 이사는 많이 해야 한다.

비밀 하나를 공개하자면 새로운 집으로 옮길 때 기존에 살던 집을 팔지 않고 전세를 놓고 그 돈을 합쳐 더 큰 집을 사서 옮기는 것이 좋다. 본인이 살 집은 한 채만 있으면 되니 기존 집을 팔아도 되지만 전세를 놓으면 자산을 불릴 수 있다. 그러다 가격 상승장이 오면 더 많은 시세 차익을 얻을 수 있다.

요즘은 법이 바뀌어 가진 주택 수가 많으면 취득세[2]가 늘어난다. 집을 옮길 때 기존 집이 마음에 안 들면 팔아도 되지만, 옮기는 집에 대한 취득세보다 기존 집의 가격이 더 오를 것 같으면 취득세를 내고 기존 집을 팔지 않는 것이 유리하다.

시간이 지나 가격 하락장이 오면 법이 바뀌어 취득세는 줄어들 수도 있다. 그러니 집이 없는 상태에서 다주택자가 됐을 때를 걱정하지 말자. 그런 걱정을 하다 보면 계속 무주택자로 살게 된다. 다주택자가 되면 지금은 알지 못하는 새로운 선택지가 생긴다.

....

2 집을 살 때 국가에 내는 세금으로, 자세한 내용은 139쪽에서 설명했다. 2022년 현재 주택취득세율은 1주택(주택가액에 따라 1~3%), 2주택(조정대상지역 8%, 비조정대상지역 1~3%), 3주택(조정대상지역 12%, 비조정대상지역 8%), 4주택 이상(12%)으로 나뉜다.

지금 당장 내 집 마련부터 하자

요즘 많이 받는 질문이 있다.

"집값이 많이 올랐는데, 지금 사도 괜찮을까요?"

내 대답은 하나다.

"무주택자라면 언제가 됐든 살 수 있다면 당장 사세요."

집값이 떨어져도 괜찮다. 안 팔고 기다리면 되니까. 그래도 떨어질까 봐 두려운가? 그럼 과거를 보고 답습해보자.

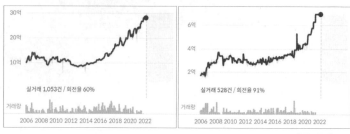

서울시 대치동 은마아파트(왼쪽)와
쌍문동 쌍문6차한양아파트(오른쪽)의 84㎡ 실거래가 추이

출처 : 호갱노노

　위 그래프는 2022년 3월 기준 과거 16년간의 실거래가 그래프다. 가격 차이가 나는 두 아파트이지만 그래프 추이는 비슷하다. 2010년 이후 가격이 하락했으나 2016년에는 예전 고점 가격을 회복하고 4년 만에 2016년 가격의 2배가 됐다. 2010년 기준 높은 가격에 샀다고 해도 10년을 거주했으면 집값이 2배가 된 것이다. 물론 더 낮은 가격에 산 사람들은 더 많은 수익을 거뒀겠지만 내 집 마련을 처음 하는 사람이라면 시장을 장기적으로 보는 눈을 길러야 한다. 실거주가 목적이라면 집을 사기 좋은 시점은 지금, 당장이다. 첫 집을 마련해봐야 투자자자의 눈으로 부동산을 볼 수 있는 여유가 생긴다.

　내가 컨설팅한 사례를 하나 소개하겠다. A는 1주택자였다. 집값이 많이 오른 시점에 다른 지역으로 집을 옮겨야 할지 고민이라고 했다. 당시 A가 옮기고자 하는 곳은 부동산 가격이 많이 올라 조정대상지역이 될 것이라는 소문이 돌았다. 조정대상지역은 주택 가격 상승률이 물가 상승률의 2배 이상이거나 청약 경쟁률이 5 대 1 이상인 지역으로, 주택 가격이 2배 이상 올랐거나 청약 경쟁이 치열하면 조정대상지역이 될 가능성이 높다. A는 "조정대상지역이 되면 가격이 내려갈 것이니 나중에 사는 게 좋을 것 같아요"라고 했다. 나는 A에게 조정대상지역이 되면 왜 가격이 내려가는지 아냐고 물어봤고 그녀는 "대출이 안 되니까 가격이 내려가는 거 아니에요?"라고 되물었다. 나는 A에게 말했다. "그럼 당신은 대출이 안 돼도 집을 살 수 있나요? 그게 아니라면 지금 당장 집을 사세요. 지금이 대출을 받아 살 수 있는 때니까요."

조정대상지역이 되면 이미 주택을 소유한 사람들의 추가 주택 구입을 규제하기 때문에 집을 살 수 있는 사람이 줄어든다. 수요가 줄어드니 가격이 떨어지는 것이다. 무한한 현금을 가지고 있지 않는 이상 그런 시장이 왔을 때 정부 규제로 대출도 안 되고 수요가 줄어 가격이 떨어지면 기존에 살던 집도 가격이 떨어지니 결국 다른 집도 살 수 없게 된다.

실거주용 집은 구입할 능력이 되면 언제든 사면 된다. 실거주가 목적이라면 부동산 시황은 아무 의미가 없다. 나중에 다주택 투자자가 되면 그때 다시 전략을 짜면 된다. 이렇게 A에게 컨설팅을 했고 A는 조정대상지역이 되기 전 대출을 받아 해당 지역에 집을 샀다. 당시 주변 아파트보다 가격이 덜 오른 아파트를 찾아 샀더니 조정대상지역이 돼서도 그 집은 가격이 더 올랐다. 몇 개월 만에 집값이 1억 원이나 오른 A는 집을 옮긴 것을 후회하지 않는다고 했다.

돈의 가치는 변해도 실물 자산의 가치는 변하지 않는다. 현금 1억 원이 통장에 있으면 1억 원은 은행 이자만큼 불어난다. 하지만 실물 자산은 시황에 따라 가격이 떨어질 수도 오를 수도 있다. 그래서 초보 투자자는 은행에 넣어두는 것이 더 안전하다고 생각할 수 있다. 하지만 실물 자산들끼리의 가치는 동일하다.

각각 1억 원과 2억 원짜리 부동산이 있다고 가정해보자. 2억 원짜리 부동산은 1억 원짜리 부동산보다 2배의 가치가 있다. 만약 두 부동산의 가격이 각각 2배가 된다면? 1억 원짜리 부동산은 2억 원이 되고 2억 원짜리 부동산은 4억 원이 된다. 대출을 받아 집을 산 사람은 벼락부자가 된다. 반면 통장에 돈을 넣어둔 사람의 1억 원은—이자 수익이 있을 수 있지만—그대로 1억 원이나 마찬가지다. 1억 원으로 살 수 있는 집은 이제 없어졌다.

만약 부동산 가격이 절반으로 떨어진다면? 1억 원짜리 부동산은 5,000만 원이 되고 2억 원짜리 부동산은 1억 원이 된다. 대출을 받아 집을 산 사람은 벼락거지가 된다. 그리고 통장에 돈을 넣어둔 사람의 1억 원은—역시나 이자 수익이 있을 수 있지만—그대로 1억 원이나 마찬가지다. 이 돈으로 예전에 2억 원이었던 부동산을 1억 원에 사면 된다. 이론적으로 보면 그렇다. 집값이 떨어졌을 때 사면 된다.

2021년 6월 기준 서울시 주택의 매매가격지수를 살펴보자. 서울에서 실제 거래된 주택의 가격 변화를 살펴보는 지수다. 2021년 6월 주택의 평균 가격을 100(세로축)으로 잡고 상대값으로 표시했다.

서울시 종합주택 매매가격지수

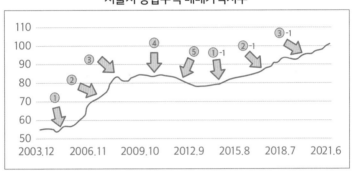

출처 : 한국부동산원

2012년쯤 가격이 한 번 주춤했다가 2014년부터 올라 2021년 까지 왔다. 1~3년 정도 단기적으로 봤을 때는 가격 하락장이었지만 10년 이상 길게 보면 우상향이다. 가격 상승장에서는 지금이 ②번 또는 ②-1번일지 ③번 또는 ③-1번일지, 가격이 더 오를지 내릴지 판단하기 어렵다. 하지만 가격 하락장이나 보합장에서 집을 사는 것보다 높은 확률로 단시간에 시세 차익을 얻을 수 있다. 이런 기대감에 상승장에서 많은 사람들이 집을 사려고 몰리는 것이다.

①, ①-1, ④, ⑤번 시점에는 부동산 경기가 침체된다. 이론대로라면 이때 집을 사야 하는데, 뉴스에서는 하우스푸어 이야기나 집 사서 손해 본 사람들의 이야기가 흘러나오기 때문에 집을 사고 싶은 마음이 잘 들지 않는다.

본인 명의의 집이 있고 여유 자금이 있는 사람들은 ①, ①-1, ⑤번 시점에 집을 많이 사지만 첫 내 집 마련은 시기를 따지지 않는 것이 좋다. 시기를 기다리다 인생의 10~20년이라는 긴 시간이 집 없는 상태로 지나버리기 때문이다. 또한 막상 기다려도 50%까지 집값이 떨어지는 것도 드물다. 서울시의 경우 5년간 평균 10% 정도의 하락이 있었을 뿐이다. 지역에 따라 주택 가치에 따라 하락의 강도는 다르기 때문에 첫 내 집을 마련한 뒤에는 지역별 시장 흐름이나 주택 가치를 분석해 구입하는 시기와 지역을 분산하는 것도 방법이다.

우리나라의 부동산 가격이 하락할 것이라고 예상하는 사람들은 일본의 잃어버린 20년, 즉 부동산 거품 붕괴가 우리나라에도 올 것이라고 말한다. 하지만 일본의 부동산 시장도 장기적으로 보면 우상향이다.

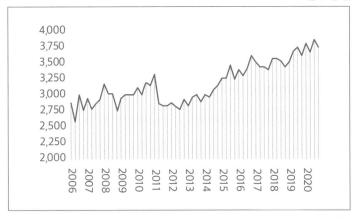

일본 도쿄 맨션의 평균 가격

(단위 : 만 엔)

출처 : https://news.mynavi.jp/fudosan-satei/274

회계에는 '감가상각_{減價償却}'이라는 용어가 있다. 사전적 뜻은 "토지를 제외한 고정자산에 생기는 가치의 소모를 셈하는 회계 상의 절차"다. 시간의 흐름에 따른 유형자산의 가치 감소를 회계에 반영하는 것이다.

쉬운 예를 들어보겠다. A회사는 2020년에 사업에 필요한 자동차 1대를 1,000만 원에 구입했다. 이 자동차는 고정자산이다. 그런데 이 자동차의 수명은 10년이다. 자동차는 사용할수록 부품이 소모되는 소모품이니까 2030년에는 폐차를 해야 한다. 이것이 가치가 떨어진다는 뜻인 '감가_{減價}'다. 즉, 이 자동차는 10년에 걸쳐 계속해서 감가되는 자산이다. 건물도 마찬가지다. 시간이 지나면 낡아서 하자 보수를 해야 할 곳들이 늘어난다. 시간이 지날수록 사용하는 만큼 자산의 가치는 떨어질 수밖에 없다. '상각償却'은 값어치가 떨어진 만큼을 비용으로 계산해 자산에서 빼는 것이다.

자동차의 감가상각(자산 가치의 하락)

2020년
1,000만 원

2030년
폐기

집도 몇십 년 살았다면 감가상각이 돼야 한다. 가격이 떨어지는 것이 감가상각의 개념이라면 맞다. 그렇다면 본인이 사는 집이 가격이 떨어질까 봐 걱정되는가? 감가상각이 됐다고 생각하며 받아들이면 된다. 하지만 실제로 집의 가격은 사용한 만큼 떨어지지 않는다. 감가상각의 사전적 뜻에서 토지를 제외한다고 했기 때문이다.

왜 감가상각에서는 토지를 제외할까? 토지는 시간이 지나도 가치가 감소되지 않는 자산으로 보기 때문이다. 토지는 오히려 물가 상승률 이상으로 가격이 상승해왔다. 건물의 기준 수명은 평균 40년이다. 건물의 가치가 떨어져도 토지의 가치는 변함없거나 올라간다. 건물이 아무리 낡아도 철거 뒤 새 건물을 지을 수 있다면 토지의 가치는 더 높아진다. 그래서 낡고 오래된 아파트가 재건축이 진행될 것으로 보이면 새로 지어질 아파트의 가치를 높게 사 가격이 올라가는 것이다. 결국 부동산은 자동차와 다르게 시간이 지나도 물가 상승률 이상으로 가격이 올라있다. 부동산은 자산 증식의 중대한 도구이기 때문이다.

집은 거주가 목적이지만 그 이상의 의미를 가지고 있다. 우리나라 사람들의 재산목록 1호는 언제나 집이다. 살만해지면 더 넓은 집에 살고 싶은 것이 인간의 욕심이다. 그러니 돈이 있으면 좋은 집을 더 비싸게 주더라도 사고 싶다. 또한 집은 대대손손 물려줄 수도 있다. 얼마나 멋진 소비재이자, 사치재이자, 자산 증식을 위한 투자재인가. 집은 훌륭한 담보이자 든든한 후원자다. 내 집 마련은 선택이 아닌 필수다. 일찍 눈 뜬 사람이 레이스에서 승리하게 돼있다.

무엇을 살지 먼저 정해라

'오늘 저녁에 뭘 먹을까?', 무엇을 살지 정하지 않고 마트에 가면 아이쇼핑을 하며 1+1 상품이 저렴해 보여서 담고, 세일 상품을 충동구매도 하고, 배가 고플 때는 다 맛있어 보여서 쓸데없이 더 많이 사기도 한다. 반면 마트에서 '라면 한 봉지를 사야지' 하고 정해놓으면 바로 식품 코너에 가서 라면을 골라 계산하면 된다. 쇼핑 시간을 훨씬 줄일 수 있다.

부동산 쇼핑도 마찬가지다. 본인이 어떤 부동산을 살지 정하지 않은 채 부동산 중개 사무소를 방문하면 중개사들도 추천하기가 어려워진다. 어떤 부동산을 보러왔는지, 원하는 가격대는 얼마인지 등 니즈를 파악하는 기본적인 질문에 정확한 대답을 해야 본인이 원하는 부동산을 소개받을 수 있다.

그럼 부동산 중개 사무소에서 무엇을 살지 결정하는 노하우를 알려주겠다.

대출을 포함한 지불 가능 금액 정하기

주머니에 있는 돈을 얼마나 쓸지 정해야 마트에서 그 금액에 맞는 물건을 살 수 있다. 마찬가지로 은행에서 돈을 얼마나 빌릴 수 있는지 알아야 거기에 맞는 부동산을 살 수 있다.

돈을 빌리는 것도 능력이다. 본인이 신용대출을 얼마나 받을 수 있는지, 주택담보대출은 몇 퍼센트까지 받을 수 있는지 알고 있는가? 모른다면 대출 상담부터 받아보길 바란다. 대출받을 생각이 있든 없든 본인의 대출 한도는 확인해두는 것이 좋다. 사고 싶은 집이 나타났는데, 돈이 부족해 대출을—감당할 수준의 이자라면—받더라도 그 집을 사는 것이 유리하기 때문이다. 세입자도 월세보다—대출을 받더라도—전세를 더 선호한다. 전세자금대출 금리가 많이 저렴해졌기 때문이다. 그러니 본인의 가용 자금이 최소 얼마부터 최대 얼마까지인지 미리 확인해두자.

신용대출은 소득, 직장, 신용 등급 등에 따라 한도가 다르게 적용된다. 요즘은 인터넷에서 클릭만 하면 본인의 한도를 확인할 수 있다. 반면 주택담보대출은 부동산 정책에 따라 많이 변하므로 직접 은행에 방문해 상담을 받아보는 게 좋다. 집을 사려는 지역, 보유한 주택 수, 사려는 집의 가격 등에 따라 대출 한도가 달라지기 때문에 어떤 집을 살지 결정이 돼야 한도를 알 수 있다. 따라서 은행을 방문하기 전 사려는 집을 임의로 정해—아파트라면 동·호수까지—대출 창구에 문의해야 한다. 현재 본인이 살고 있는 집의 담보대출은 얼마까지 가능한지, 사려는 집 매매금의 몇 퍼센트까지 대출이 가능한지 문의하면 은행 직원이 대출 규제에 대한 설명과 함께 대략 몇 퍼센트까지 가능한지 알려줄 것이다. 처음에는 직원이 하는 말을 알아듣지 못할 수도 있지만 상담을 몇 번 해보면 자연스럽게 알아들을 날이 오니 걱정하지 말자. 요즘은 소득에 따라 최대 대출 한도가 달라지므로 신용대출은—투자 목적이 아닌—사고 싶은 집이 나타났을 때 부족한 금액을 메꾸는 용도로 남겨두자.

종잣돈 1억 원이 있고 주택담보대출이 집값의 60%까지 가능한 주택의 예를 살펴보자. 종잣돈 1억 원이 40%이면 대출 가능 금액은 60%, 즉 1억 5,000만 원이 된다. 그럼 최대 2억 5,000만 원짜리 집을 살 수 있다.

종잣돈 : 대출금 = 40 : 60 = 1억 원 : 1억 5,000만 원

최대 지불 가능 금액 : 2억 5,000만 원

정부의 대출 규제는 시장 상황에 따라 민감하게 변하므로 대출에 관한 뉴스가 나오면 은행을 방문해 다시 상담받아보길 추천한다. 번거롭고 시간이 많이 드는 일이지만 부동산을 자주 거래하거나 상담을 많이 받다 보면 대출 관련 정책이 바뀌었다는 뉴스만 봐도 본인의 대출 한도가 어떻게 되는지 알게 되는 날이 오니 공부라 생각하고 시간을 투자하자.

어떤 부동산을 살 것인지 우선순위 정하기

어떤 집이 좋은 집일까? 많이 오를 수 있는 집? 강남에 있는 집? 역세권? 학군이 좋은 집? 평지에 있는 집? 대단지 아파트? 신축? 등등등. 부동산의 종류는 무궁무진하다. 많은 사람들이 원하는 집은 있지만 많은 사람들이 원한다고 모든 사람들에게 좋은 집은 아니다. 즉, 가격이 많이 오를 가능성이 있는 아파트를 원하는 70대에게 재개발 아파트를 추천하면 죽을 때가 돼서야 새 집을 받을 수 있다. 하지만 30대에게 재개발 아파트는 좋은 선택지가 될 수 있다. 이렇듯 같은 집이라도 사람에 따라 좋은 집이 다르다.

그럼 본인에게 가장 좋은 집을 찾아야 한다. 직장의 위치나 결혼을 했다면 부모님 댁의 위치도 고려해 지역을 선택하는 것이 좋다. 자녀가 있다면 학교도 집을 고르는 선택지가 된다. 그 외에도 다양한 선택지가 있다. 그리고 여러 선택지 중 절대 포기할 수 없는 1, 2, 3, 4, 5순위를 정한다. 개수는 상관없으나 우선순위는 꼭 정해야 한다. 예를 들면 1순위는 in서울, 2순위는 20평대, 3순위는 초등학교 가까운 곳, 4순위는 아파트처럼 말이다. 이 과정은 앞서 언급한 마트에서 라면 한 봉지를 사는 것과 같다. 라면도 종류별로 맛과 브랜드가 달라 선택을 해야 한다. 또한 사고 싶은 브랜드의 라면이 품절됐다면 다른 브랜드의 라면을 선택해야 한다. 따라서 상황에 따라 빠른 판단을 내릴 수 있게 미리 우선순위를 정하는 것이 좋다.

우선순위를 정했다면 '네이버 부동산' 서비스를 이용해보자. 현재 거래가 가능한 부동산을 온라인에서 손쉽게 확인할 수 있다. 먼저 네이버 부동산을 검색해 접속한 뒤 화면에 나타나는 지도에서 원하는 지역을 선택해 클릭한다. 수많은 매물이 나와 있는 것을 볼 수 있다. 화면 상단의 필터 기능을 활용해 본인이 원하는 조건을 설정하면 입맛에 맞는 부동산 찾기가 가능하다. 오른쪽의 이미지처럼 필터 적용 후에 매물이 많이 줄어든 모습을 볼 수 있다.

네이버 부동산 필터 기능 활용하기

출처 : 네이버 부동산

원하는 부동산만 골라서 본다면 쇼핑 시간을 훨씬 단축할 수 있다. 마음에 드는 부동산이 검색되지 않는다면 본인이 정한 우선순위의 밑에서부터 하나씩 빼고 넣고를 반복하며 찾으면 된다.

예전에는 부동산 중개 사무소를 직접 방문해야 얻을 수 있던 정보였지만 이제는 인터넷만 연결되면 집에서 우리나라뿐만 아니라 해외 부동산 정보까지도 한눈에 볼 수 있는 시대가 됐다. 그러다 보니 부동산 시장도 예전보다 훨씬 민감하고 빠르게 움직인다. 가만히 있으면 뒤쳐지는 시대다. 하루라도 빨리 시작해보자.

부동산 중개 사무소 찾아가기

먼저 온라인으로 부동산 시세를 파악했다면 해당 매물 정보를 올린 중개 사무소에 전화를 한다. 무턱대고 찾아가면 해당 매물을 보지 못할 가능성이 높다. 집주인이나 세입자가 마트에 진열된 물건들처럼 항상 손님을 기다리고 있는 것이 아니기 때문이다. 미리 전화해 약속을 잡은 뒤 방문하는 것이 좋다.

예전에는 중개사에게 학교 배정이나 마트, 지하철역과의 거리 등 여러 정보를 물어봤지만 지금은 온라인 지도에서 확인이 가능하다. 미리 정보를 확인한 뒤 현장을 방문해 본인이 확인한 정보가 맞는지 검증하면 된다. 예를 들어 온라인 지도상 아파트 단지에서 지하철역까지 도보로 10분이 걸린다고 나왔다면 현장을 방문해 중개사에게 "지하철역까지 10분이면 갈 수 있나요?"라고 물어본다. 그러면 5분 만에 갈 수 있는 샛길이 있다고 알려줄 수도 있다. 지도에는 표시되지 않는 정보도 많으니 반드시 교차로 확인해야 한다.

네이버 부동산 지도 화면의 우측 메뉴바에서 '학군 🏫' 아이콘을 클릭하면 초등학교 배정 현황을 확인할 수 있다. 자녀를 원하는 초등학교에 보내려면 어느 지역에 살아야 하는지 알 수 있다. 또한 '거리재기 ✏️' 아이콘을 클릭하면 도보로 몇 분이 걸리는지도 나온다. 이외에도 '편의 📍' 아이콘을 클릭하면 지하철역이나 버스

정류장, 마트 등의 정보도 확인할 수 있으니 여러 기능들을 직접 클릭해보고 활용하면 된다. 이렇게 미리 확인한 뒤 현장을 방문하면 훨씬 정확하고 빠르게 본인이 원하는 집을 고를 수 있다.

직접 해보기

네이버 부동산으로 전국에 2억 원 미만의
200세대 이상인 아파트를 찾아보자!

실거래가의 함정

부동산 거래 시 '이 금액이 과연 합당한 금액인가?'라는 생각이 든다면 실거래가를 참고하면 된다. 우리나라에서는 2006년 1월 1일부터 투명한 부동산 거래를 위해 「부동산 실거래 가격 신고의무제도」가 시행되고 있다. 국토교통부에서는 '실거래가'라는 어플리케이션 서비스도 제공한다.

실거래가는 시장에서 실제로 부동산이 거래된 금액이다. 시세를 파악하는 데 신뢰도가 굉장히 높은 정보다. 하지만 국토교통부의 실거래가 어플리케이션은 국가가 제공하는 정보라 신뢰도는 높지만 투자자를 위한 어플리케이션이 아니다 보니 사용이 편리하지는 않다. 개인적으로 아파트 실거래가를 보여주는 어플리케이션으로 '호갱노노'와 '아파트 실거래가(아실)'를 추천한다.

호갱노노는 대중적으로 많이 알려진 어플리케이션으로, 실거주용 집을 찾는다면 이것 하나만 잘 활용해도 충분하다. 길을 지나다 '저 집은 얼마일까?'라는 궁금증이 생기면 호갱노노를 실행해 지도에 표시된 실거래가를 살펴보면 된다. 호갱노노의 특징 중 하나는 지역별로 조회 수가 가장 높은 아파트에 왕관을 씌워 주는 것이다. 그래서 현 시점에 어느 아파트가 인기가 많은지 실시간으로 알 수 있다.

아실은 '부동산 스터디'라는 서비스를 통해 초보자도 쉽게 알아볼 수 있도록 여러 통계자료를 제공한다. '최고가 아파트', '많이 산 아파트', '부동산 빅데이터' 등 흥미로운 통계자료가 많으니 보다 보면 자연스레 공부가 된다. 지도에 실거래가를 표시하는 것은 호갱노노와 동일하다.

부동산은 실거래가와 호가가 있다. "서울특별시 ○○구 □□동 △△아파트 1동 101호"는 세상에 단 하나밖에 없다. 옆집이 20억 원에 팔렸지만 본인 집은 30억 원에 팔고 싶다고 중개 사무소에 내놓을 수 있는 게 부동산이다. 부동산은 부르는 게 값이다. 이것을 호가라고 한다. 부동산의 가격 변동이 적고 안정적일 때는 실거래가와 호가의 차이가 크지 않다. 이때는 최근에 거래된 실거래가보다 저렴한 매물이 있으면 사면 된다.

부동산의 가격 변동이 심할 때는 실거래가를 조심해야 한다. 내 경험담을 들려주면, 부동산 가격이 급격히 상승할 때 어느 아파트의 한 달 전 실거래가를 살펴보니 5억 3,000만 원이었다. 그런데 당시 매물들의 호가가 모두 6억 원 이상이라 비싸다고 판단해 그 아파트를 사지 않았는데, 두 달 뒤 그 아파트의 호가가 7억 원 이상이 돼 후회한 적이 있다. 부동산 가격이 빠르게 상승하는 시기에 과거의 실거래가를 보면 현재 가격이 비싸게 느껴진다. 반대로 부동산 가격이 하락할 때 과거의 실거래가보다 저렴한 매물이 나왔다고 덜컥 사버리면 나중에 더 싸게 나온 매물을 보고 후회하는 경우도 있다. 시장의 흐름을 잘 파악해야 함을 잊지 말자.

세대수가 적은 아파트의 경우 거래량이 적어 과거의 실거래가와 현재의 가격 차이가 클 수 있다. 이럴 때는 현 시점에서 해당 아파트의 가치를 판단할 수 있는 눈이 있어야 거래할 배짱이 생긴다. 비슷한 입지와 비슷한 조건의 다른 단지의 아파트 가격을 참고하는 것도 방법이다.

과거의 실제 거래 가격, 실거래가. 신뢰도가 높은 자료다 보니 시장의 흐름을 제대로 읽지 못하면 결정을 가로막는 장애물이 되기도 한다. 과거는 과거일 뿐, 현명한 거래를 결정할 수 있는 해안을 키우길 바란다.

신축 아파트를 장만하는 노하우

부동산 재테크를 하고자 마음먹었다면 첫 번째 관문은 아파트다. 내가 부동산 투자를 하면서 시세가 많이 오른 곳의 대부분은 실거주 목적으로 구입한 아파트였다. 아파트를 모른 채 부동산 부자가 된 사람은 많지 않다. 대한민국 부동산 중 최고 인기 상품은 아파트다.

현대인의 생활 패턴을 반영한 아파트가 다양하게 변하고 있다. 아침 식사를 제공하거나 헬스장과 골프장도 운영한다. 물놀이터가 있는 아파트도 있다. 도서관은 기본이 됐다. 무엇을 상상하든 건설사에서 그 이상을 제공하다 보니 신축 아파트가 인기몰이를 한다. 누구나 살고 싶어 하지만 아무나 살 수 없는 대단지 신축 역세권 아파트가 인기다.

옛날에는 아파트를 사기 쉬웠을까? 과거에도 비싸서 못 샀다. 시간이 지나면서 돈의 가치는 달라진다. 100원짜리 과자가 1,000원이 됐고 1억 원짜리 아파트가 10억 원이 됐다. 과거에는 월급 40만 원을 받았고 현재는 400만 원을 받는다. 시대와 상관없이 집값은 항상 비싸고, 전셋값은 하늘 높을 줄 모르고, 10년 동안 급여를 모아도 집을 사긴 어렵다.

처음부터 한 번에 좋은 아파트를 사려고 하면 힘들다. 초보 운전자는 운전도 미숙할 뿐만 아니라 도로에서 발생할 위험 상황에 대한 경험이 부족하기 때문에 사고가 날 가능성이 높다. 이런 초보 운전자가 처음부터 고급 외제차를 사려고 하면 주위에서 말린다. 고급차를 운전하다 사고가 나면 비용이 많이 들기 때문이다. 어느 정도 운전 경험을 쌓은 뒤 본인에게 꼭 맞는 고급차를 사도 늦지 않다. 집도 마찬가지다. 어떤 집이 본인에게 맞는지 여러 경험을 해보며 단계를 밟은 뒤 신축 아파트를 마련하는 것도 방법이다.

신축 아파트를 장만하는 노하우를 하나씩 살펴보자.

첫 번째, 청약을 노려라

우리나라에서 공급되는 모든 신축 아파트는 주택청약제도[3]를 통해 입주자를 모집한다. 무주택 기간이 긴 무주택자라면 전략적으로 청약을 노려야 한다.

일반적으로 인기 아파트 단지의 인기 평수, 인기 타입에는 사람들이 몰리기 때문에 경쟁이 매우 치열하다. 비인기 평수와 타입을 노린다면 당첨 확률이 올라간다. 또한 청약을 노린다면 본인의 가점을 따져보고 전략적으로 접근해야 한다. 시중에 청약만 공략하는 책도 나와 있으니 참고해서 철저히 준비하자. 청약 조건은 끊임없이 바뀌기 때문에 본인이 1순위 자격 요건이 되는지 뉴스가 나올 때마다 꼼꼼히 살펴보는 것이 좋다. 높은 경쟁률을 뚫고 당첨되더라도 서류가 미비하거나 요건을 충족하지 못해 부적격 세대[4]가 될 수 있으니 꼼꼼히 챙겨야 한다. 특별공급 요건이 된다면 일반공급보다 당첨 확률이 높으니 특별공급을 준비해

....

3 주택 공급에 관한 규칙에 따라 시행되는 주택 공급 방법으로, 우리나라에서 아파트 입주자를 선정할 때 근간이 되는 방식이다. 주택이 필요한 계층에게 우선적으로 주택을 배분하고자 주택청약제도를 통해 당첨자를 선정한다.

4 청약 신청 시 실제 청약 자격과 다르게 청약 신청을 한 경우 당첨이 돼도 사후 청약 자격을 확인해 당첨이 취소되는 세대다. 부적격 세대 여부 및 사유 등의 세부 사항은 해당 사업 주체에 문의하면 된다.

좋다.[5]

현재는 분양권[6]도 주택 수로 산정해 분양권을 가진 사람은 지역 조건에 따라 청약 1순위에서 제외된다. 또한 추첨 비중을 줄이고 청약 가점 순서로 당첨자를 선정하므로 가점이 낮다면 당첨을 기다리며 너무 많은 시간을 보내지 말자. 3년 이상 청약을 넣었는데도 당첨이 안 된다면 포기하자. 만약 청약 가점이 높다면 계속 청약을 넣으면서 아파트 이외의 부동산 투자도 가능하다. 꼬마빌딩, 근린생활시설, 토지, 오피스텔, 상가 등이 있다.

청약에 당첨돼도 돈이 부족해 걱정이라며 도전하지 않는 사람들이 있다. 예를 들어 신축 아파트 분양가가 7억 원인데, 현금 7억 원이 마련되지 않으면 청약을 넣지 않는 것이다. 그러지 말라. 부동산을 100% 본인 돈으로 사려고 하면 죽을 때까지 집 한 채도 사기 어렵다. 은행 돈도 빌리고 세입자 돈도 빌려라. 중도금과 잔금을 지급할 능력이 부족하다면 입주할 때 전세를 놓고 돈을 모은 뒤 나중에 입주해도 된다.

....

5 특별공급은 정책적 배려가 필요한 사회계층(다자녀, 신혼부부, 노부모 부양, 국가유공자, 철거 주택 소유자 및 세입자 등) 중 무주택자의 주택 마련을 지원하기 위해 일반공급과 청약 경쟁 없이 주택을 분양받을 수 있도록 하는 제도다. 당첨 횟수를 1세대당 평생 1회로 제한한다. 일반공급은 분양받으려는 주택의 종류에 따라 일정한 입주 자격과 요건을 갖춘 사람들 중 경쟁과 추첨을 통해 주택을 분양받을 수 있도록 하는 제도다.

6 청약을 신청한 신규 주택에 당첨돼 준공 뒤 입주할 수 있는 권리를 말한다.

두 번째, 미분양·부적격 세대·미계약 세대를 노려라

청약 당첨자가 발표된 직후 모델하우스를 방문해 미분양[7], 부적격 세대, 미계약 세대[8]가 있는지 알아보자. 거의 대부분 이런 세대들이 있다. 부동산 경기가 좋지 않을 때는 선착순으로 이런 세대들을 계약할 수 있었는데, 지금은 원하는 사람들이 많아 '한국부동산원 청약홈' 사이트[9]에서 추첨한다. 하지만 청약하는 사람들 대부분이 이런 세대가 있는지 잘 모르기 때문에 청약에 비하면 경쟁률이 낮은 편이다.

....

7 건설사가 국가로부터 분양 승인을 받아 일반인을 대상으로 신규 주택 분양을 실시했으나 분양되지 않은 주택이다. 지자체 홈페이지에서도 확인할 수 있다.

8 청약을 신청한 신규 주택에 당첨이 됐으나 계약을 하지 않고 포기하는 세대다.

9 www.applyhome.co.kr

세 번째, 입주 시기를 노려라

나는 신축 아파트에 투자할 때 입주 6개월 정도를 앞둔 아파트를 집중적으로 보러 다닌다. 투자 목적이 아닌 실거주가 목적이어도 본인이 입주할 동네만 보지 말고 출퇴근 가능한 거리 내에서 입주 예정인 아파트를 둘러보길 추천한다. 입지가 괜찮은데, 상대적으로 가격이 저렴한 아파트들이 보일 것이다. 그런 아파트를 사면 원래 비싼 아파트보다 가격 상승 폭이 더 높다. 또한 잔금을 지급할 때쯤에는 매물이 쏟아져 나오니 가격이 한 번 주춤한다. 청약에 당첨된 사람들 중 잔금을 지급할 능력이 부족해 매물로 내놓는 사람들이 많기 때문이다. 프리미엄(웃돈)을 조금 주더라도 입주까지 긴 시간 기다리지 않아도 되고 청약 당첨과 달리 본인이 원하는 동과 호수를 골라 계약이 가능하다는 이점이 있다.

네 번째, 입주 뒤 2년이 지난 단지를 노려라

최근에 분양한 아파트는 분양받은 뒤 2년 동안 실거주를 해야 하는 요건이 있다. 이런 아파트들은 입주 시기에 팔 수 있는 게 없을 것이다. 또한 2년 거주 요건이 있든 없든 새 아파트에 당첨된 1주택자라면 한 채를 2년 이상 보유했다 팔면 차액이 12억 원 이하일 경우 양도세가 과세되지 않는다.—2년 거주 요건이 있는 아파트라면 거주와 보유 요건을 동시에 충족할 수 있다.—즉, 비과세 혜택을 받을 수 있는 것이다. 그래서 2년이 지나면 비과세 요건을 충족한 아파트를 처분하고 이사를 하려는 사람들이 꽤 많다. 이런 집들의 매도인 비과세 요건에는 '○○일 이후 잔금 지급'이나 '○○일 이전 잔금 지급' 등의 조건이 있다. 매수인이 매도인의 잔금 지급 조건을 맞춰주는 대신 가격 흥정을 할 수 있으니 입주 뒤 2년이 지난 단지를 눈여겨보자.[10]

....

10 - 1가구 1주택 양도세 비과세 요건 : 1세대가 1주택만을 2년 이상 보유하고 양도하는 경우에는 양도세가 과세되지 않는다. 다만 조정대상지역의 주택은 2년 이상 거주 요건을 함께 충족해야 한다. 2년 이상 보유와 거주 요건은 원칙적인 규정이며 예외 규정(양도 차액 12억 초과)도 있다.
- 한시적 1가구 2주택 양도세 비과세 요건 : 신규 주택을 취득하고 3년 이내에 기존 주택을 양도하면 기존 주택에 대한 양도세가 과세되지 않는다(양도 차액 12억까지). 조정대상지역 등 예외 규정이 많으니 세무사 등에게 문의하는 것이 좋다.

다섯 번째, 재개발과 재건축을 노려라

결혼 계획이 있거나 신축 아파트는 사고 싶은데, 돈이 부족하다면 재개발이나 재건축 현장에서 입주권을 찾아보자. 재개발은 노후 주택 단지를 정비해 새 주택을 짓는 사업이고 재건축은 기존의 낡은 주택을 허물고 새 주택을 짓는 사업이다. 신축 아파트의 가격이 많이 오르다 보니 낡은 아파트에 살던 사람들에게 새로 짓는 주택의 입주권을 주는 재개발과 재건축으로 사람들의 관심이 쏠리고 있다.

요즘은 재개발과 재건축도 프리미엄이 많이 붙었지만 여전히 시세 차익을 얻을 수 있는 아파트가 많이 남아있는 시장이다. 대신 앞서 소개한 네 가지 방법보다 입주 시기가 많이 늦다. 시간으로 돈을 대신하는 방법이기도 하다.

사람들은 기왕이면 새것을 더 좋아한다. 더 비싸게 불러도 새집이니까 거래가 잘 된다. 부동산 중 최고 인기 상품은 아파트다. 실거주도 만족할 수 있는 데다 환금성도 좋은 알짜 투자 대상이다. 한 번쯤 아파트에 살아봤기 때문에 전문성도 필요 없고 누구나 쉽게 투자할 수 있다.

아파트는 전체 부동산 경기까지 이끈다. 부동산 투자 불패 신화의 1등 공신이다. 입지가 좋은 곳의 청약 열풍은 엄청나다. 프리미엄을 수십억 원까지 부르거나 부동산 경기가 불황이어도 시세만 낮추면 팔 수 있다. 아파트는 수익성, 환금성, 편리성이라는 3박자가 아주 잘 맞는다.

부자들이 여윳돈을 가장 많이 묻어두는 곳이 아파트다. 정부가 아무리 대책을 내놔도 비싼 아파트는 하늘 높은 줄 모르고 계속 가격이 올라간다. 수요가 있으면 가격은 오를 수밖에 없다. 물가 상승률보다 수익률이 높은 게 대한민국의 아파트다. 인플레이션을 피하기에도 좋다. 내 집이 없다는 것은 인플레이션에 무방비 상태라는 소리다.

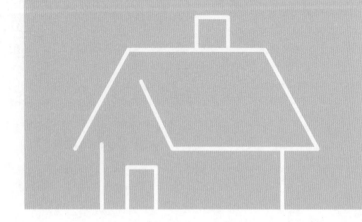

- 실전투자 2단계 -

월급 받는 부동산

세입자가 넣어주는 적금 통장

부동산 투자 = 노후 준비

내가 월급쟁이였을 때의 꿈은 회사를 다니지 않고도 매달 꼬박꼬박 통장으로 돈이 들어오게 만드는 것이었다. 하루는 돈이 얼마나 있으면 회사를 다니지 않아도 되는지 계산해봤다. 수중에 현금 6억 원이 있다면 일하지 않고 매달 500만 원씩 10년을 쓸 수 있고 매달 250만 원씩 쓴다면 20년을 쓸 수 있었다. '오! 6억만 있으면 20년 동안 먹고사는 데는 문제없겠어'라고 생각하니 노후 준비가 쉬워 보였다. 하지만 미래의 물가는 지금 같지 않을 테니 넉넉히 한 달 생활비로 500만 원이 필요하다고 보면 6억원으로 10년을 버티는 게 좀 더 현실적이라 판단했다.

60세부터 100세까지 40년이다. 빚을 제외하고 24억 원 정도의 순수 자산을 가지고 있다면 노후에는 돈 걱정 없이 살 수 있지 않을까? 그런데 반대로 생각하면 현금 6억 원을 모으려면 매달 500만 원씩 10년을, 매달 250만 원씩 모은다면 20년을 모아야 했다. 내가 과연 매달 250만 원씩 저축을 할 수 있을까? 젊을 때 번 돈을 한 푼도 안 쓰고 늙어서 꺼내 쓴다면 무슨 의미가 있을까?

빚 없이 돈을 모아 내 집을 마련하고 노후를 준비하는 건 일찌감치 포기했다. 하지만 6억 원이라는 첫 목표가 생겼고 월급 말고 어떻게 그 돈을 만들 수 있을지 고민했다. 어차피 거주할 집 하나는 필요하니 대출을 받아 6억 원짜리 집을 마련한 뒤 그 집에 살면서 대출을 갚아나가다 보면 30년 뒤 빚은 모두 갚았을 것이다. 늙어서 수입이 없으면 집을 판 돈으로 먹고살면 된다.

'오! 집을 사면 노후 대비가 어느 정도 해결되겠구나!'

부동산 투자는 반드시 필요하다.

내 돈이 스스로 돈을 벌어오는 시스템

어떻게 하면 돈을 빨리 모을 수 있을까? 나는 부동산 투자로 수입을 늘리기로 했다. 종잣돈 모으는 속도를 높이고자 수익형 부동산에 집중했다. 당시 내 통장에는 1,000만 원이 있었고 그 돈을 활용해 살 수 있는 소형 원룸이나 오피스텔을 찾아다녔다. 매매가가 1억 원 이하의 세가 잘 나가는 곳을 찾고자 출퇴근길에 보이는 건물들의 가격과 월세 수입을 일일이 알아봤다. 이렇게 찾아보다 눈에 띄는 집 하나를 발견했다. 지하철역이 바로 앞에 있는 원룸형 아파트였다. 매매가는 9,300만 원이었다. 비슷한 상태와 입지 조건을 갖춘 다른 집들은 대부분 매매가가 1억 원 정도였는데, 당시는 100만 원도 아쉬웠던 때라 그 집이 유난히 싸게 느껴졌다. 지어진 지는 15년 정도 됐지만 잘 관리돼 깨끗했다. 1층에는 편의점, 세탁소 등 각종 편의 시설이 있어 혼자 사는 직장인들에게 인기가 많았고 인근에는 번화가가 형성돼있었다. 나도 살고 싶은 곳이었으니 세도 잘 나가겠다고 생각했다. 임대하면 보증금 2,000만 원에 월세 35만 원을 받을 수 있었다.

구입을 결심하고 가격을 흥정했다. 부동산은 부르는 게 값이니 가격 흥정은 필수다. 매매가를 9,100만 원으로 합의한 뒤 은행을 찾아 대출을 알아봤다. 정부 정책이나 시중 통화량에 따라 대출이 잘 안 될 때도 있지만 가능하다면 최대한 대출을 활용하는 것이 좋다. 담보대출과 마이너스 통장을 활용하니 내 투자금은 300만 원이 필요했다. 300만 원으로 9,100만 원짜리 집을 산 것이다. 취득세와 중개 수수료, 수리비 등 부대 비용은 200만 원 정도가 들었다.

정리하면, 총 500만 원의 투자금이 들어갔고 5년 동안 임대해 보증금 2,000만 원과 매달 35만 원씩 월세를 받았다. 5년 동안 세입자가 바뀌지 않아 다른 부대 비용은 거의 들지 않았다. 대출은 최장 35년 만기로 받았다. 아주 천천히 빚을 갚기로 했다. 그래서 매달 원금 16만 원과 이자 14만 원을 은행에 지급했다. 월세에서 대출 원리금을 빼면 내 손에는 매달 5만 원—세입자가 나가면 중개 수수료나 수리비로 사용하고자 모아뒀다.—이 남았지만 대출 원금을 매달 16만 원씩 갚았기 때문에 실제로 21만 원이 남는 구조였다. 이것이 바로 소액 투자다.

원룸형 아파트 투자 내역

(단위 : 만 원)

매수 내역 (2016년 4월)		대출 내역		월세 임대 내역		매도 내역 (2020년 12월)	
매수가	9,100	대출금	6,800	보증금	2,000	매도가	10,000
부대 비용	200	월 이자 상환액	14	월세금	35	시세 차익	900
		월 원금 상환액	16	5년간 월세 수익 (대출이자 제외)	2,100 (1,260)		

실투자금	수익률(양도세 제외)
500	432%

나는 월세를 받아 대출금 갚는 통장을 '세입자가 넣어주는 적금 통장'이라 불렀다. 이자도 세입자가 내주고 대출금도 세입자가 갚아준다. 나는 집을 잘 보유하고 있다 한 번씩 수리해주고 집값이 오르면 팔기만 했다.

500만 원으로 9,100만 원짜리 집을 사고 5년 뒤 1억 원에 팔았다. 시세 차익 900만 원과 5년 동안 월세로 받은 돈 중 대출이자로 지급한 돈을 빼면 1,260만 원이 남았다. 총 2,160만 원이 남은 것이다. 500만 원을 투자해 5년 동안 432%의 수익률을 냈다. 다주택자이지만 시세 차익이 크지 않아 양도세도 크지 않았다.

여러분은 여기서 시세 차익(900만 원)보다 5년 동안 월세를 받아 대출이자를 빼고 남은 돈(1,260만 원)이 더 크다는 사실을 눈치 챘는가? 부동산 가격은 오를 수도, 내릴 수도 있지만 월세는 고정적으로 들어오는 수입이다. 시세 차익은 부동산을 팔 때 한 번에 받으니 커 보일 수는 있지만 세금을 감안해야 한다.

월세 수입은 매달 나눠서 들어오니 작아 보일 수 있다. 하지만 중장기적인 관점에서 보면 훨씬 안정적이고 큰 수입이다. 처음 소액 투자를 시작할 때는 부동산 가격은 오르지 않아도 된다고 생각했다. 10년 동안 월세만 받아도 대출이자를 제외하고 2,500만 원 정도가 남기 때문이다. 그런데 보유 기간 동안 시세가 오르는 경우도 많았다. 소액으로 월급도 받고 인센티브도 받는 수익 모델이다.

세입자가 넣어주는 적금 통장이 100개가 있다면 어떨까? 생각만 해도 짜릿했다. 1년 동안 이런 수익형 부동산 5개를 마련했다. 초기 비용이 많이 들지 않는 빌라도 세입자가 넣어주는 적금 통장에 속한다. 매달 20만 원씩 남는 부동산 5개를 만드니 월급이외에 월수입 100만 원이 더 생겼다. 6억 원을 연이율 2%의 예금에 넣어두면 이자로 매달 100만 원을 받을 수 있다. 나는 이미6억 원이 생긴 효과였다. 근로소득을 저축하지 않고 다 써도 매달 100만 원씩 쌓이는 통장을 가지게 됐다.

　소액으로 월급 받는 부동산 투자는 지금도 가능하다. 주택일수도, 상가일 수도 있다. 부동산 정책이 바뀌고 대출 한도가 정해져 있어 무한정 개수를 늘리는 데는 한계가 있지만 정책은 언제나 변한다. 가능하다면 소액으로 부동산 투자의 작은 성공을 꼭 경험해보길 바란다.

　월수입이 늘어나면서 삶은 더 윤택해졌다. 종잣돈도 더 빨리 모을 수 있었다. 나의 작은 돈은 더 빨리 더 크게 스스로 불어났다. 부동산 투자는 결코 투기가 아니다. 월급 받는 부동산은 가격이오르지 않아도 괜찮다. 부동산을 팔 때 본인이 샀을 때 가격만 받을 수 있다면 충분하다. 그런데 시간이 지나면 가격은 언젠가 오른다. 배당주라 생각하고 중장기적으로 접근하자. 부동산 투자를하면 일하지 않아도 돈이 스스로 돈을 벌어오는 시스템을 경험할수 있다. 이런 시스템을 만들어내는 사람이 성공한 투자자다.

지금의 나는 잘 다니던 대기업을 그만두고 내 소유의 부동산에게 월급을 받고 있다. 정확히 말하면 내 부동산을 사용하는 세입자에게 월급을 받고 있다. 비록 소액으로 투자한 작은 집이었지만 월급 이외의 소득을 맛보게 해줬고 부동산 중개 사무소에 가면 사모님이 됐다. 적다면 적은 수입이 하나둘 모여 나를 노동에서 벗어나게 해줬다.

월급 받는 부동산 투자는 꼭 경험해봐야 하는 부동산 투자의 한 축이다. 경제적, 시간적 자유를 원하는 투자자라면 월급 받는 부동산 투자에 도전해보길 바란다.

07

다주택자의 마인드

세금, 까짓것 많이 나오면 내면 되지

월급 받는 부동산 이야기를 하면 빠지지 않고 나오는 질문이 있다.

"집을 많이 사면 세금을 많이 내야 하는 거 아니에요?"

내 대답은 "네, 돈을 벌었으면 세금을 내야죠"다. 세금이 무서워 투자를 안 하는 사람들이 있다.—아니면 세금을 핑계로 투자를 안 하는 건가?—세상에 공짜는 없다. 소득이 있는 곳에 세금이 있다. 나는 세금을 아주 '많이' 내고 싶다. 세금을 많이 낸다는 건 소득이나 재산이 '많다'는 것을 의미하니까. 세금을 적게 내기 위해 소득이나 재산을 줄일 필요는 없다. 부자가 되려면 부자 마인드를 장착해야 한다.

새로운 일을 시작할 때는 어김없이 찾아오는 두려움이 있다. 이 두려움은 우리에게 포기하라고 속삭인다. 부동산 투자를 시작하려는데, 두려움이 우리에게 말한다. 집값이 오르면 국가에서 세금으로 뜯어가고 집값이 떨어지면 집주인이 그 손해를 고스란히 안아야 하니 투자하지 말라고 속삭인다. 월세 받는 부동산을 사려니 세입자가 안 구해지면 어떡하냐고 속삭인다.

무슨 일이든 장점과 단점이 있다. 시작도 하기 전에 단점에 집중하면 시작조차 못 한다. 대부분의 사람들이 투자를 할 때 두려움을 느낀다. 하지만 누군가는 그 두려움을 극복하고 일단 저지른다.

세상은 혼자 살아가는 게 아니다. 비싼 값에 집이 팔리려면 그 집을 원하는 사람들이 많아야 한다. 세상은 더불어 살아가는 사회다. 더불어 살아야 나도, 내 집도 가치가 생긴다.

내가 산 집의 가격이 올랐다고 가정해보자. 내가 한 행동은 집을 산 것밖에 없다. 가격이 오르는 이유는 복합적이다. 예를 들어 국가가 시중에 돈을 많이 풀면 화폐 가치가 떨어져 실물 자산인 부동산 가격이 오를 수 있다. 또는 내 집 주변이 재개발 지역으로 지정되면서 가격이 오를 수 있다. 또는 향후 공급되는 주택 물량이 적어 가격이 오를 수 있다. 이처럼 여러 이유가 있겠지만 내 행동으로 인해 가격이 오를 가능성보다 세상이 변해서 오를 가능성이 훨씬 높다. 그러니 본인이 내는 세금으로 혜택을 받는다고 생각하면 된다.

그렇다고 가격이 떨어지면 세금을 돌려주지 않으니 불공평하다고 생각하는가? 부동산 투자는 가격이 떨어지면 안 팔면 된다. 조금 더 내는 것을 억울해하지 말자. 본인이 낸 세금으로 국가가 어려운 사람들에게 나눠주기도 하고 낡은 동네를 개발해주기도 한다. 그 사람들이 잘돼서 집을 살 능력이 생기면 집의 가치는 더 올라갈 수 있다.

우리는 살면서 알게 모르게 국가에게 많은 혜택들을 받아왔다. 국가는 학교, 도서관, 경찰서, 소방서도 지어주고 수돗물과 전기도 공급해준다. 매일 지나다니는 도로도, 쉼터가 되는 공원도 세금으로 만들어졌다. 돈을 벌고 살만해지면 받은 만큼 국가에 돌려줘야 한다. 그래서 국가도 국민에게 미리 투자한 것이다.

'세금, 까짓것 많이 나오면 내면 되지'라고 생각하면 다주택자가 되는 건 문제가 아니다. 집이 여러 채 있으면 집이 없는 사람보다 잘사는 것이니 세금도 더 내야 한다. 이런 생각을 하는 사람들이 많아지면 우리나라는 더 잘사는 나라가 될 수 있다.

이제는 다주택자가 되고 싶어도 취득세 중과세 때문에 진입 자체가 어렵게 됐다. 정책은 돌고 돌아 다시 바뀌겠지만 그렇다고 그때까지 기다릴 필요는 없다. 부동산 투자를 마음먹었다면 언제든 투자 방법을 찾으면 된다. 예를 들어 공시가격[11] 1억 원 미만의 주택은 취득세 중과세 대상이 아니다. 월급 받는 부동산 대부분은 이런 주택들이다. 상가에 투자할 수도 있다. 상가는 월급 받는 부동산이기도 하지만 시세 차익도 많이 남길 수 있다. 아니면 토지에 투자할 수도 있다.

본인이 모아놓은 종잣돈으로 투자를 하겠다고 마음먹었다면 규제를 피할 방법은 언제나 있다. 공부하면 답을 알 수 있다. 어느새 스스로 답을 찾고 있는 부동산 투자자가 된 본인의 모습을 볼 수 있을 것이다.

투자와 투기의 차이

아직도 본인이 어떤 부동산을 사야 할지 모르겠다면 다음의 두 사례를 참고해보자. 본업에 종사하면서 자연스럽게 부동산 투자를 시작하게 된 A씨와 B씨의 사례다.

....

11 공시가격과 공시지가는 함께 알아두면 좋다. 공시지가는 국토교통부 장관이 조사 및 평가해 공시한 토지의 단위면적(㎡)당 가격이다. 공시가격은 공시지가의 건물 버전으로, 공시지가 조사 시 표준단독주택, 개별단독주택, 공동주택의 공시가격도 함께 조사한다. 부동산 관련 세금을 매길 때 기준 가격이 된다.

A씨는 식당을 운영하는 자영업자다. 본인이 살고 있는 아파트 한 채가 있고 식당이 장사가 잘돼서 돈을 많이 벌었다. 처음에는 상가를 빌려 식당을 차렸는데, 인근에 매물이 나와 직접 구입해 식당을 옮겼다. 고맙게도 손님들은 옮긴 식당으로 다시 찾아왔다. 그런데 어느 날 태풍 피해로 농산물 가격이 많이 올랐다. 게다가 수급도 어려워 식당 운영에 애를 먹었다. 그 뒤 A씨는 인근 텃밭을 구입해 식당에 필요한 농산물을 미리 심어뒀다. 농산물 비용도 절약하고 재난 시 자급해 수급에도 차질이 없도록 했다. 그리고 장사가 잘돼서 A씨는 상가를 2개 더 구입해 2호점과 3호점을 직영으로 운영했다. 30년 동안 식당을 운영한 A씨는 본인이 살고 있는 아파트 한 채와 상가 3개, 토지 가격이 모두 3배 가까이 올랐다. A씨는 나이가 들어 상가는 임대를 하고 지금은 일하지 않고 노후를 즐기고 있다.

B씨는 월급을 알뜰살뜰 모아 신혼 때 아파트 한 채를 장만했고 아이를 키우고 있었다. 어느 날 남편이 본사에서 타 지역의 지사로 발령을 받아 이사를 하게 됐고 B씨는 다시 돌아올 수도 있으니 살던 아파트는 팔지 않고 전세를 놓았다. 그런데 남편이 발령받은 지역에서 집을 구하려니 전세 보증금에 2,000만 원만 더 주면 집을 살 수 있었다. 부동산 중개 사무소에 물어보니 타지 사람들이 많이 발령받아 오는 곳이다 보니 전월세 수요는 많으나 매매는 인기가 없다고 했다. B씨는 그곳에 얼마 동안 살게 될

지 모르기에 집을 사기로 결정했다. 시간이 지나 남편은 다시 본사로 가게 됐고 기존 집보다 본사에서 더 가까운 곳에 집을 하나 더 장만했다. 30년이 흘러 은퇴를 하고 보니 구입해둔 여러 채의 집들의 가격이 3배 가까이 올랐다. 그중에는 전세를 놓은 집도, 월세를 놓은 집도 있었다.

A씨와 B씨처럼 본업과 연관된 부동산에 투자하는 것이 좋다. 그것이 본인이 가장 잘할 수 있는 분야다. 더불어 본업의 수익 구조도 좋아진다. A씨의 경우 식당을 구입하지 않았으면 월세 비용이 계속 늘었을 것이다. 농산물 수급이 안정되지 않았으면 식당 운영에도 차질이 생겼을 것이다. 이처럼 본업의 불확실성도 해결하면서 부동산 투자도 함께해야 한다. B씨의 경우 남편의 출퇴근 시간과 비용을 줄이고자 남편 직장 근처에 집을 구입했다. 부동산 투자도 하면서 여유 시간도 생기고 유류비도 절약할 수 있었다. 실거주자의 눈으로 집을 살펴보면 누구보다 살기 좋고 가성비 좋은 집을 찾게 된다.

여러 이유로 이사를 할 수 있지만 무엇보다 중요한 건 부동산을 사서 활용하겠다는 의지다. 월세든 전세든 관리를 하는 것도 활용이다. 이것이 부동산 '투자'다. 부동산 '투기'는 부동산을 전혀 활용하지 않고 단기간에 차액만 챙기는 것을 말한다. 물론 투자하고자 샀는데, 단기간에 시세가 많이 올라 계획과 다르게 빨리 처분할 수도 있다. 투자와 투기는 종이 한 장 차이다. 개발된다는 소문이 있어 시세가 오르면 팔고자 땅을 샀는데, 개발이 보류돼 시세가 떨어져 어쩔 수 없이 팔지 못하고 농사를 지었다. 투기를 위해 샀는데, 투자가 돼버린 것이다.

투자投資와 투기投機

공장·기계·건물이나 원료·제품의 재고 등 생산 활동과 관련되는 자본재의 총량을 유지 또는 증가시키는 활동을 투자라고 한다. 이에 비하여 투기는 생산 활동과는 관계없이 오직 이익을 추구할 목적으로 실물 자산이나 금융 자산을 구입하는 행위를 일컫는다. 투자와 투기는 이익을 추구한다는 점에서는 같지만, 그 방법에 있어 투자는 생산 활동을 통한 이익을 추구하지만 투기는 생산 활동과 관계없는 이익을 추구한다. 경제 행위에서 일반적인 매매는 실제의 필요성에 의하여 이루어지는 반면에 투기는 가격의 오르내림의 차이에서 오는 이득을 챙기는 것을 목적으로 한다. 따라서 부동산을 구입할 때 그곳에 공장을 지어 상품을 생산할 목적을 지닌 경우는 투자가 될 수 있지만, 부동산 가격의 인상만을 노려 일정 기간 후에 이익을 남기고 다시 팔려는 목적을 가진 경우에는 부동산 투기 행위가 된다고 볼 수 있다.

출처 : 네이버 지식백과

에어비앤비 운영하기

돈을 써야 돈이 보인다

아이가 생기기 전 신혼 시절 우리 부부는 1년에 한 번 정도 해외여행을 다녀왔다. 한번은 미국 뉴욕에 갔는데, 맨해튼 타임스퀘어 근처에 숙소를 예약했다. 낮에는 관광을, 저녁에는 타임스퀘어 근처를 거닐며 뉴욕의 분위기를 음미했다. 삼성 광고판을 보며 한국인이라는 사실이 자랑스럽기도 했다.

우리가 예약한 숙소는 젊은 사람들이 많이 찾는 비즈니스 호텔이었다. 11월이었는데, 사람들이 어찌나 많던지 체크인하기까지 30분을 기다렸다. 호텔은 깨끗했지만 방은 우리나라 모텔보다도 작았다. 침대 옆에 캐리어 하나 정도 펼칠 여유 공간밖에 없었다. 그런데 그 좁은 호텔의 숙박비가 1박에 23만 원이었다. 그럼에도 얼마나 손님이 많던지 역시 뉴욕이라며 혀를 내둘렀던 기억이 있다. 당시 나는 부동산을 잘 모르던 때라 '미국은 물가가 비싸구나'라고만 생각했다.

2022년 3월 기준 코로나19 상황에도 뉴욕의 숙박비는 다음과 같다.

미국 뉴욕시 맨해튼의 평균 숙박비와 숙박시설 현황

출처 : 구글

몇 년 뒤 드라마 「태양의 후예」를 보고 그리스로 여행을 갔다. 세계문화유산 1호인 파르테논신전도 보고 드라마에 나왔던 멋진 해변에도 가봤다. 낮에는 세계적인 관광지를 다니며 눈 호강을 하고 저녁에는 호텔로 돌아갔다.

유럽도 뉴욕과 마찬가지로 관광지 주변의 호텔은 좁고 숙박비가 비쌌다. 게다가 유럽은 오래된 건물이 많다 보니 낡고 세월의 흔적이 고스란히 남아있었다. 세계 여러 나라를 여행하면서 느낀 점은 우리나라의 환경이 최고라는 것이다. 우리나라에서 그

리스나 뉴욕의 숙박비 정도면 크고 깨끗한 새 호텔에 묵을 수 있다. 치안도 매우 좋은 편이다. 100만 원짜리 휴대전화를 카페 테이블에 두고 가도 아무도 훔쳐가지 않는 나라다. 대한민국이 돈 많으면 최고로 살기 좋은 나라라는 말을 몸소 느꼈다.

그리스로 여행을 갔을 때는 부동산 투자를 시작한 지 얼마 되지 않았던 때라 모든 것을 부동산과 연결해서 봤다.—가이드에게 그리스의 집값을 물어보기도 했다.—코로나19가 전 세계로 퍼지기 전에는 한류 열풍으로 우리나라를 방문하는 외국인 관광객이 늘고 있는 추세였다. 내가 직접 몇몇 나라를 여행하면서 우리나라 환경이 낫다는 생각을 했으니 우리나라로 여행 오는 관광객들에게 저렴한 가격에 깨끗하고 좋은 숙소를 제공할 수 있겠다는 생각이 들었다.

그리스 여행에서 돌아온 뒤 우리나라 관광지 근처의 부동산 매물을 무작정 찾으러 다녔다. 호스텔이나 게스트하우스를 운영할 수 있는 부동산 위주로, 투자 가치도 있고 현 시점에서 사업이 가능한 매물을 찾다 보니 몇 개의 후보지가 추려졌다.

해수욕장 근처의 상업지 주택을 구입해 리모델링하는 것도 괜찮은 방법이었다. 우선 구청에 숙박업 허가가 가능한지 구입 전 미리 확인해야 했는데, 가격이 마음에 들면 허가가 안 났고 숙박업으로 허가받은 사업자를 인수하면 가격이 비쌌다. 또한 숙박업을 하려면 사업자 등록을 해야 하는데, 당시 다니던 회사의 근로계약서에는 겸업 금지 항목이 있었다. 정말 산 넘어 산이었다. 막상 저지르려고 하니 사업을 해본 경험도 없고 손님이 어떤 경로로 얼마나 올지도 미지수였다. 그런 리스크를 안고 가격이 맞는 부동산—입지 조건이 부족한 곳—을 사 돈을 들여 리모델링을 결정하기란 쉽지 않았다.

결국 수많은 고민 끝에 자본금이 많이 들지 않고 지금 당장 시작할 수 있는 플랫폼을 경험해보기로 했다.

여행은 살아보는 거야

에어비앤비Airbnb 플랫폼이 우리나라에 진출한 지 얼마 되지 않았을 때였다. 당시 우리 부부는 아이가 없어 안방과 거실만 사용하고 나머지 방 2개는 거의 사용하지 않았다. 그래서 집에서 놀고 있는 방 2개와 세입자를 구하지 못해 공실 상태였던 수익형 부동산을 에어비앤비에 등록했다. 우리나라 인구는 약 5,000만 명, 에어비앤비 가입자 수는 약 1억 5,000만 명이다. 우리나라 인구보다 3배나 많은 전 세계 사람들이 에어비앤비에 가입돼있다.

특별히 광고를 하지 않아도 예약이 이뤄졌다. 수익은 임대 수익보다 높았다. 예약을 많이 받으려면 공간을 예쁘게 꾸미고 사진을 잘 찍어야 한다. 다른 집들의 사진을 참고하는 것도 도움이 된다. 성수기에는 한 달 동안 당시 내 월급보다 더 많은 돈이 들어왔다. 이 수익 모델은 내가 회사를 그만둘 수 있게 해줬다.

영어를 못 해도 괜찮다. 타자만 할 수 있으면 번역기로 하고 싶은 말을 번역해 메시지로 주고받으면 된다. 외국인들이 많이 이용하다 보니 영어 실력도 늘고 영어 공부의 동기 부여도 됐다. 아주 가끔 성격 급한 외국인들은 내 답장을 기다리지 못하고 전화를 걸어 "Hello!"를 외쳐서 당황했지만 공짜로 듣기 평가를 한다고 생각했다. 말이 안 통하면 "Sorry, send me a message(미안, 문자로 보내줘)"라고 말했다. 그럼 모두가 "OK!" 하고는 전화를 끊고 메시지로 대화를 이어갔다.

부동산을 에어비앤비에 등록해본 경험은 나에게 엄청난 것들을 가르쳐줬다. 첫 번째, 부동산 활용의 다양성을 알았다. 나는 집은 거주나 임대용으로만 사용할 수 있다고 생각했다. 하지만 에어비앤비 호스트가 되면서 부동산을 활용해 다양한 공간 임대 사업이 가능하다는 사실을 알았다.

워라밸이 중요해지면서 '○○ 한 달 살기' 같은 힐링 여행을 떠나는 사람들이 늘고 있다. 만약 아이가 있다면 타지에서 한 달 살기를 하기 위해 어디에 묵는 게 좋을까? 아이가 있는 가족 여행은 취사 공간이 반드시 필요하다. 취사를 할 수 있는 시내 호텔은 거의 없다. 한번은 시내에 위치한 비즈니스 호텔에 묵었다 옆

방에서 아이가 뛰노는 소리가 다 들렸던 경험도 있다. 또한 호텔에 한 달 동안 묵으려면 숙박비가 너무 비싸다. 모텔은 교육적으로 좋지 못하다.

수요가 있으면 시장은 자연스레 형성된다. 에어비앤비는 이런 수요를 메꿀 수 있는 플랫폼이다.

두 번째, 간접적으로 사업을 해본 경험을 얻었다. 부동산을 활용해 소득이 발생하면 그것은 사업이다. 본인이 실거주하면 소득이 발생하지 않지만 임대 수익이 발생하면 임대사업자로 국가에 신고해야 한다. 마찬가지로 에어비앤비를 합법적으로 운영하려면 외국인관광도시민박업 또는 공유민박업 등록을 해야 한다.

본인 부동산을 임차인보다 본인이 더 잘 활용할 수 있다면 사업 수익은 얻으면서 지출은 줄이고 부동산 가치는 올라가는 세 마리 토끼를 잡을 수 있다. 나아가 부동산과 사업 아이템을 연결해서 보는 시각도 얻을 수 있다.

에어비앤비를 통해 외국인과 소통하고 멋진 숙소를 제공하는 것은 나에게 또 다른 즐거움이었다. 여력이 된다면 호텔을 차리고 싶다는 꿈도 생겼다.

**인도네시아(왼쪽)와 호주(오른쪽)에서 왔던
에어비앤비 손님이 두고 간 선물**

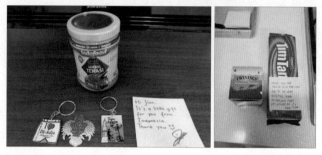

세 번째, 아웃소싱을 통해 사업 확장이 가능했다. 에어비앤비로 예약을 받으면 손님이 퇴실한 뒤 다음날은 예약을 받지 않고 퇴근 뒤 저녁에 직접 공간을 청소했다. 그러다 보니 힘도 부치고 청소 때문에 스트레스를 받기도 했다. 그렇다고 청소 업체에 청소를 맡기면 수익률이 줄었다. 하지만 임신을 하게 돼 어쩔 수 없이 청소하실 분을 찾았다. 업체보다 저렴하게 우리 집 청소만 해주실 분을 찾았고 제시간에 청소할 수 있어 예약을 더 많이 받을 수 있었다. 나빠질 줄 알았던 수익률은 오히려 더 좋아졌다. 또한 청소하던 시간에 다른 일을 할 수 있어 선순환이 됐다. 필요하다면 과감하게 아웃소싱하는 도전도 필요하다.

어떤 자영업자가 이런 말을 했다.

"손님이 많으면 일이 많아서 싫고 손님이 적으면 돈이 안 돼서 싫다."

이런 생각이 들면 과감하게 직원을 고용하고 사장은 손님을 더 늘리는 것에 역량을 투자해야 한다.

조물주 위에 건물주

똥인줄 알았는데, 금덩이었다

10년 전 급매로 나온 주택을 1억 원 조금 넘는 금액에 싸게 구입했다. 아주 낡은 주택이었는데, 근처에 대학교가 있어 수리만 잘 하면 세는 잘 나갈 것 같았다. 적은 돈으로 최대한 수리해 원룸 5개를 만들었다. 30평을 상가 하나로 임대하면 월 100만 원도 받기 어려운데, 원룸 5개로 만들면 각 30만 원씩 매달 150만원을 받을 수 있었다. 원룸과 고시원은 같은 면적의 상가보다 수익률이 높아 한참 인기가 많을 때였다. 지금도 원룸 수익을 노후자금으로 사용하는 사람들이 많다. 1인 가구는 계속 늘고 있는 추세니 전망이 좋다.

큰 원룸 건물에 비해 작은 주택이다 보니 관리하기가 조금 까

다로웠다. 벌레도 있고 집 앞에 쓰레기를 내어놓으면 길고양이가 다 뜯어놓기도 했다. 학생들도 다세대 건물이나 오피스텔을 선호해 세를 놓는 데도 어려움이 있었다. 부동산 중개 사무소에 직접 찾아가 부탁도 하고 선물도 주고 공실을 없애고자 많이 노력했다. 돈도 없고 요령도 없어 입주 청소도 직접 하고 도배도 배워서 직접 했다. 아파트를 샀으면 이 고생을 안 했을 거라고 원망도 많이 했다.

고생 끝에 낙이 온다는 옛말은 틀리지 않았다. 10년이 지나 땅값은 3배가 돼 주택 가격은 3억 원 중반 정도가 됐다. 그때 바로 옆집에 사시던 할머니가 돌아가셔서 아들이 할머니가 사시던 집을 매물로 내놓았다. 대학가 원룸촌의 코너에 위치한 주택이었다. 중개 사무소에서는 웃돈을 줄 테니 내 집도 팔라고 했다. 등기부등본에 있는 주소를 보고 집까지 찾아와 문을 두드리며 내 집을 사겠다는 사람들도 있었다. 건축업자들이 내 집과 옆집을 사들여 원룸 건물을 지으려고 했다.

부산 대학가에 투자한 원룸 위치

집을 팔까 고민하다 할머니 집을 내가 사면 코너를 낀 넓은 땅이 되니 땅값을 더 받을 수 있겠다는 생각이 들었다. 여력이 되면 내가 건물을 지어도 됐다. 여러 중개 사무소에 물어보니 돈이 있으면 땅을 사서 건물을 지어보라고 조언해줬다. 아는 건설업자들도 많으니 소개해주겠다고 했다.

문제는 건물을 지으려면 돈이 얼마나 필요한지 알 수 없었고 또 그 돈을 어떻게 마련할지 고민이었다. 처음 해보는 일이라 아는 것이 없어 매일 여기저기 물어보러 다녔다. 중개 사무소에 가서 건물을 지으려면 얼마가 드는지 물어보니 건축 설계 사무소로 가보라고 했다. 무턱대고 설계 사무소에 찾아가 아직 내 땅은 아니지만 이 땅에 몇 층까지 건물을 지을 수 있는지, 방은 몇 개 정도를 만들 수 있는지 물어봤다. 건설업자도 여럿 만나보고 은행에도 찾아가 대출은 얼마나 받을 수 있는지 물어봤다. 그렇게 알아보러 다니다 보니 땅만 빚 없이 소유하고 있으면 땅을 담보로 대출받은 돈으로 건물을 짓고 모자란 돈은 건물을 다 짓고 나서 전세를 놓아 공사 대금으로 지급하면 된다고 했다. 한 줄기 빛이 보이기 시작했다. '나도 건물을 지을 수 있겠구나!', 그제서야 할머니 집을 사기로 결심하고 중개 사무소를 찾았다. 할머니 집은 내 집 땅이 없으면 건물을 넓게 지을 수 없어 아무도 사지 않았고 할머니의 아들은 집이 잘 팔리지 않자 가격을 깎아줬다. 운이 좋게도 알아보러 다니는 동안 시간을 끌어 더 싸게 살 수 있었다.

기회는 평등하다

모든 사람들에게 기회는 평등하게 주어진다. 그런데 이 기회라는 놈은 영악해서 소리 소문도 없이 왔다가 사라져버린다. 돈을 벌어 100만 원을 모을 수 있는 기회, 1,000만 원을 모을 수 있는 기회, 1억 원을 만들 수 있는 기회, 10억 원을 만들 수 있는 기회. 많은 사람들이 본인에게 기회가 온지도 모르고 지나친다. 기회가 왔을 때 잡은 사람은 나중에 "운이 좋았다"라고 말한다. 내가 잡은 기회가 바로 행운이었다. 할머니가 사시다 돌아가신 집을 아들이 안 팔고 내 집까지 샀다면 어떻게 됐을까? 아들은 건물주가 될 기회가 온지도 모르고 놓쳐버린 것이다. 아들은 주택을 팔아 빌라로 이사한다고 했다. 이것이 건물주가 될 기회라는 사실을 중개사와 건축업자는 알고 있었다. 매일 그 일을 하는 사람들이기에.

많은 사람들은 나에게 애물단지 같은 집을 팔라고 했다. 그때의 나는 내가 건물주가 될 거라고 생각하지 못했다. 왜 사람들이 내 집을 사고 싶어하는지 알고자 노력했을 뿐이다. 그들에게 어떻게 건물을 짓고 돈을 버는지 물어보고 배웠다. 정보만 있다고 기회를 잡을 수 있는 것은 아니지만 정보를 수집하다 보면 지금이 기회라는 사실은 알 수 있다. 기회를 알고 잡을 것인가 놓을 것인가를 고민하는 것과 단순히 몰라서 놓치는 것은 완전히 다른 결과를 가져온다. 기회인 줄 알았지만 여건이 안 돼 잡지 못한 사람은 다음에 같은 기회가 다시 오면 무조건 잡으려 할 것이다. 하지만 몰라서 놓친 사람은 다음에 같은 기회가 와도 알아차리지 못한다.

처음부터 건물주가 되려고 했던 것은 아니다. 건물 전체를 관리하는 것은 아무나 하지 못할 일이라고 생각했다. 하지만 건물주는 되고 싶었다. 조물주 위에 건물주라는 말도 있지 않은가. 내가 부동산 투자를 하면서 느낀 점은 많은 사람들이 빨리 부자가 되고 싶어 한다는 것이다. 현 시점에서 비싸고 좋은 집을 보면서 살 수 없다고 투덜거린다. 부자는 결코 빨리 되지 않는다. 지금 당장 할 수 있는 것부터 하나씩 차근차근 해나가다 보면 어느 순간 기회라는 놈이 내 곁에 다가와 자신을 선택해달라고 기웃거릴 것이다.

인내는 쓰고 열매는 달다

한 남자와 부동산 상담을 한 적이 있다. 월 250만 원 정도를 버는데, 4인 가구 외벌이 가장이라고 했다. 집을 사려면 돈이 모자라 대출을 받아야 하는데, 청약에 당첨돼도 원리금 상환이 두렵다고 했다. 3억 원 정도 대출을 받으면 35년 상환에 원리금이 매달 150만 원 정도가 된다. 그럼 4인 가족이 한 달 동안 100만 원으로 생활해야 하는데, 가능하겠냐는 것이다. 확실한 것은 자녀가 한 살이라도 더 어릴 때 허리띠를 졸라매고 집을 장만해야 한다는 사실이다. 아이가 자라면 지출이 늘어나 집을 장만하기는 더 힘들어진다.

나는 그에게 두 가지 안을 제시했다. 첫 번째 안은 3억 원을 대출받아 4억 원짜리 집을 사는 것이다. 이것을 선택하면 월 100만 원으로 4인 가족이 생활해야 한다. 인내는 쓰고 열매는 달다. 이 집은 가격이 2배 오르면 8억 원이 된다. 두 번째 안은 2억 원을 대출받아 3억 원짜리 집을 사는 것이다. 그럼 원리금으로 매달 100만 원 정도를 지급할 것이니 한 달 생활비는 150만 원으로 늘어난다. 이도 풍족하지는 않지만 첫 번째 안보다는 살 만하다. 그리고 이 집은 가격이 2배 오르면 6억 원이 된다. 결국 조삼모사 격으로, 젊을 때 고생하느냐 나이 들어 고생하느냐의 차이다.

고생을 안 하는 방법이나 맛있는 음식을 공짜로 먹을 수 있는 방법 따위는 없다. 집을 안 사도 고생, 사도 고생이다. 돈은 거짓 말을 하지 않는다. 노력하는 사람에게만 보상을 한다. 돈이 돈을 번다고? 아니다. 돈은 혼자서 불어나지 않는다. 남들보다 더 공 부하고 노력해 피 같은 종잣돈을 투자하고 불확실한 시간을 인 내해야 돈이 돈을 벌어온다.

나는 건물주가 되기 위해 어떻게 돈을 마련했을까? 빚 없이 옆 집을 사는 게 첫 번째였다. 필요한 자금은 3억 원 중반. 이리저리 돈을 만들어내기 위해 머리를 굴렸다. 이때가 가장 힘들다. 어떻게 돈의 흐름을 만들어낼지 여러 가지 시나리오를 짜봤다. 일단 소액 으로 투자해놓은 집들을 모두 팔아서 할머니 집을 살 수 있는지 계산해봤다. 소액 투자는 담보대출을 안고 있어서 팔면 대출금을 갚아야 했다. 그럼 팔아도 막상 큰돈이 생기지 않았다. 그래서 당 시 살고 있던 집에 전세를 놓고 소액으로 사뒀던 작은 집으로 옮 겼다. 내 집은 훌륭한 담보물이자 동업자이자 후원자였다.

전세 보증금과 신용대출을 받아 할머니 집을 샀다. 신용대출을 잘 받으려면 직장을 다녀야 한다. 부동산 투자자들 중에는 대출을 받으려고 회사를 다니는 사람들이 꽤 있다. 멀쩡하게 살던 아파트를 임대하고 소형 아파트로 이사를 간다니 주변에서 미쳤다고 했다. 남들이 미쳤다고 하면 돈 버는 일이다. 아무나 선택하는 길이 아니기 때문이다. 미쳐야 잘산다.

나의 이 인내는 어떤 열매를 맺었는지 결과만 먼저 살짝 말해볼까? 새로 지은 건물의 현재 가치는 20억 원 정도다. 그리고 새 건물을 임대한 돈으로 더 넓은 아파트를 사서 이사했다.

뜻이 있는 곳에 귀인이 있다

옆집을 산 뒤 가장 먼저 찾아간 곳은 건축 설계 사무소였다. 상담 뒤 설계사가 "북도로라 건물 짓기 좋은 땅이네요"라고 말했다. 무슨 말인지 몰라 왜 좋은지 몇 번을 물었다. 건축 시 인접 건물의 일조권 확보를 위해 법적으로 건물 높이를 제한하는데, 도로가 있는 북쪽으로 그림자가 생기니 일조권을 침해할 건물이 없다는 말이었다. 그래서 건물을 반듯하고 더 높게 지을 수 있었다. 소 뒷걸음질 치다 쥐 잡은 꼴이다. 운이 좋아 싸게 샀는데, 그

것이 좋은 땅이라니.

1층은 필로티[12]로 주차장을 만들고 한 층당 원룸 4개씩 5층까지 설계가 가능했다. 중개사들이 추천하는 설계 사무소에 일을 맡겼고 설계 비용은 1,000만 원 정도가 들었다.

다음으로, 대출을 받기 위해 시중 은행들을 방문했다. 여러 은행에서 상담을 했는데, 상담 내용은 대부분 비슷했다. 토지를 나대지로 만든 상태에서 감정을 받아 담보대출을 받는 것이 좋다고 했다. 그러던 중 한 은행에서 상담을 하다 새로운 이야기를 들었다. 대출 담당 직원은 원룸 건물의 주인들을 많이 상담한 베테랑 차장이었다. 그는 1층에 상가가 있냐고 물었다. 설계 사무소에서 상담할 때 상가는 없었기에 없다고 대답했더니 상가가 있으면 준공 뒤 대출을 더 받을 수 있다고 했다. 그 말을 듣고 설계사에게 바로 전화해 1층에 상가를 넣어달라고 했다. 설계사는 불가능하다며 주차 공간 수에 따라 원룸 수가 정해진다고 했다. 원룸 2개당 1대의 주차 공간은 필수로, 상가를 넣으면 주차 공간 수가 줄어 원룸 수도 줄여야 했다.

전화를 끊고 무작정 설계사를 다시 찾아갔다. 대출을 더 받을 수 있으니 원룸 수를 줄이지 않고 상가 넣을 방법을 무조건 찾아달라고 했다. 그런데 사실 대출은 핑계였고 상가가 있으면 건물 가치가

....

12 건축물의 1층은 기둥만 선 공간으로 만들고 2층 이상에 방을 짓는 방식이다.

더 올라갈 것이었기에 무조건 방법을 찾아달라고 했다. 3일 뒤 설계사에게 연락이 왔다. 그는 "코너라 주차장 구조를 변경하면 작은 상가 하나를 넣을 수 있을 것 같아요. 3일 동안 머리 진짜 많이 썼네요"라고 말했다. 설계 변경 하나로 건물의 가치는 3억 원이나 더 올라갔다. 현재 이 상가에는 카페가 영업 중이다. 엉뚱하게도 은행에서 대출 상담을 하던 중 설계와 관련된 좋은 팁을 얻었다.

설계 도면이 나온 뒤 건설사는 또 어떻게 찾을지 여기저기 물어보고 다녔다. 무식하면 용감하다고, 아무것도 모르니 덤빌 수 있었다. 중개 사무소에서 소개도 받고 직접 건설사를 찾아가 상담도 했다. 생각보다 성실하게 상담해주는 곳이 많지 않았다. 그러다 머리도 식힐 겸 한 카페에 들렀다. 그곳은 낡은 건물을 리모델링해 카페로 사용하고 있었다. 커피를 마시면서 살펴보니 직원 한 명과 사장이 일하고 있는 것 같았다. 40대 정도로 보이는 여자 사장한테 "건물을 참 예쁘게 리모델링하셨네요. 사장님 소유 건물인가요?"라고 물었더니 맞다고 했다. 그곳은 관광지가 한눈에 내려다보이는 곳이었다. 이렇게 좋은 자리에 어떻게 건물을 살 수 있었는지 물어보니 옛날에 한복집을 운영하던 건물이었는데, 카페를 차리기 괜찮아 보여 중개 사무소를 거치지 않고 바로 건물 주인을 찾아가 이야기했다고 했다. 그렇게 이런저런 이야기를 나누다 그녀는 "제 본업은 카페가 아니에요"라며 두꺼운 파일을 하나 꺼내서 나에게 보여줬다. 거기에는 임대차계약서 수십 장이 들어있었다. 알고 보니 그녀는 원룸 건물을 세 채나 가지고 있었고 모두 땅을 사서 직접 지었다고 했다. 나는 그녀를 롤모델로 삼았다. 우연히 들른 카페에서 이런 분을 만나게 될 줄이야. 여러 가지 궁금했던 것을 물어보고 건설사와 상담하는 방법도 물어봤다. 그녀는 여러 건설사를 찾아보고 그들이 직접 지은 건물을 살펴보라고 조언해줬다.

인근에 원룸 건물을 많이 지은 건설사를 찾아 상담한 뒤 지은 건물들도 직접 살펴봤다. 그리고 마음에 드는 건설사 한 곳을 정해 계약했다. 깨끗하게 최대한 빨리 건물을 지어주는 곳이라 만족했다. 대출은 미리 받아두기 때문에 시간이 지체되면 이자 비용이 늘어나므로 공사 기간도 중요하다. 필요한 서류나 업무 처리도 잘 끝났다. 건설사와 문제가 생기면 공사가 중단되기도 하니 믿을 만한 건설사를 찾아야 한다.

공사 시 민원이 가장 처리하기 어렵다고 해서 사전에 주변 건물의 주인들을 찾아가 미리 양해를 구했다. 한 건물의 주인 할아버지는 내게 많은 조언도 해주셨다. '내가 마음을 먹고 알아보니 주위에 귀인이 많구나'라고 느낀 때였다.

여러 사람들의 도움으로 지어진 새 건물의 1층 상가에는 현재 카페가 영업 중이고 원룸은 빈방 없이 모두 세입자들이 살고 있다. 방이 깨끗하고 넓다며 세입자들의 만족도가 매우 높다. 주택이었을 때보다 관리도 훨씬 수월하고 건물 관리자를 고용해 지금은 거의 손 갈 일이 없다.

땅값을 계산해보면 10년 전 주택 매수가 1억 원과 옆집 매수가 3억 5,000만 원을 합쳐 총 4억 5,000만 원이 들었다. 건물을 짓기 전 은행에서 땅만 감정을 받았는데, 당시 감정가는 8억 3,000만 원이었다. 건물을 짓는 데 든 비용은 모두 7억 원 정도였다. 현재 이 건물의 가치는 20억 정도이고 매달 월세로 800만 원을 받는다.

! 다세대와 다가구의 차이

	다세대주택	다가구주택
건물 소유주	다수	단독
바닥 면적	660㎡ 이하	660㎡ 이하
거주 세대수	제한 없음	19세대 이하
분양	개별 세대 분양 / 소유 가능	개별 세대 분양 / 소유 불가능
구분 등기	가능	불가능
주택 층수	4층 이하	3층 이하
등기부등본상 건축물 종류	공동주택	단독주택

* 다세대주택은 호실별로 등기를 한다. 예) 16호실 = 주택 16채
* 다가구주택은 건물 전체로 등기를 한다. 예) 건물 1채 = 주택 1채

세입자는 내 고객님

세입자가 내 부동산에 미치는 효과

사람 상대하고, 집수리하고, 세입자가 바뀌는 일이 머리 아프지 않느냐고 묻는 사람들이 많다. 심지어 가족들도 애쓰지 말고 그냥 건물을 팔라고 했다. 이런 사람들은 부동산으로 돈을 벌어본 경험이 없는 사람일 가능성이 높다. 자영업자에게 손님이 많이 오면 일만 많아지고 머리 아프니 가게를 접으라고 하는 것과 같다.

세입자는 부동산 소득원 중 하나다. 실거주를 제외한 대부분의 부동산은 세입자와 함께 가야 한다. 임차료를 낼 수 있는 사람은 그 부동산을 살 수 있는 예비 고객이다. 예를 들어 전세를 살고 있는 세입자가 계약 만기 시점이 다가오니 멀리 가지 않고 근처 집을 알아본다. 그 시점에 집주인이 집을 팔 생각이 있다는 것을 알게 돼 세입자가 그 집을 사는 경우도 있다. 웃돈을 주고 만실인 건물을 사기도 한다.

세입자 관리는 부동산 투자의 성공 비결이다. 공실률이 높으면 건물의 가치는 떨어진다. 빈 건물을 누가 비싼 값을 주고 사겠는가. 반면 건물 전체가 임대가 완료된 경우에는 더 많은 돈을 받고 팔 수 있다. 만실인 건물은 가치를 더 높게 평가한다. 사람들은 세가 잘 나가는 부동산을 더 선호한다. 그래서 새로운 세입자를 찾는 것만큼이나 기존 세입자를 유지하는 것 역시 중요하다.

회사를 다니면 상사 비위도 맞춰야 하고, 성과도 내야 하고, 고객과 거래처도 상대해야 한다. 간이고 쓸개고 다 내줘야 사회생활 잘한다고 하지 않던가. 고객의 요구 조건을 다 알아차리고 문제를 해결해나가는 것의 대가가 월급이다. 회사를 10년 정도 다니니 잔뼈가 굵어 사람 상대하는 것은 별로 어렵지 않았다.

근로계약서상 회사는 항상 '갑'이고 직원은 '을'이었다. 임대차 계약을 하면 임대인은 '갑'이고 임차인은 '을'이다. 항상 '을'이었던 내가 부동산을 가지고 '갑'이 될 수 있다는 사실은 나에게 부동산 투자의 또 다른 면을 보게 해줬다. 투자를 하면서 돈도 벌고 나의 사회적 위치가 변하며 대접도 받았다. 계약은 혼자 하는 것이 아니다. 임차인이 있어야 계약이 성사되며 비로소 임대인은 '갑'이 될 수 있다.

세입자들의 요구 사항은 최대한 빨리 들어주는 것이 좋다. 세입자는 비가 와 물이 샌다거나 물을 틀면 소리가 난다거나 하는 등의 각종 문제를 집주인에게 알린다. 세입자가 알려주는 문제를 재빨리 처리해야 나중에 큰돈 들어갈 일이 적다.

수리도 내가 하는 것이 아니다. 저렴한 가격에 수리 잘 하는 사람을 찾으러 다닐 뿐이다. 그리고 모든 수리는 세입자들이 낸 돈으로 한다. 남는 것이 내 것이다. 나는 조금 적게 남아도 괜찮다. 회사 다닐 때보다 훨씬 적은 노동을 제공하니까. 세입자가 자주 바뀌어도 1년에 한 번 정도다. 요구 사항도 그리 많지 않다. 고마운 세입자들은 내 건물의 수리비도 내주고 대출이자도 내주고 내 수고료도 내준다. 이토록 고마운 사람들을 상대하는 데 무엇이 힘들단 말인가.

세입자를 대하는 노하우

옵션용 가전제품이 고장 났다고 세입자에게 연락이 오면 최대한 빨리 수리 업체에 AS를 요청해야 한다. 업체에 원인을 파악한 뒤 수리 전에 연락달라고 말해두면 기사님이 무엇이 문제인지 설명해주시니 귀책사유에 따라 세입자와 집주인이 비용을 나누어 부담하면 된다. 비용이 나와도 어차피 모두 내 재산이다. 세입자가 불편하게 차일피일 미룰 이유가 없다.

하루는 세입자에게 연락이 와 샤워부스가 깨졌다고 했다. 샤워부스가 깨질 일이 흔한 것도 아니고 충격에 의해 깨졌을 거라 생각했지만 일단 다치지 않았냐고 세입자에게 물어봤다. 다친 곳은 없는데, 유리가 산산조각 나서 바꿔야 할 것 같다고 했다. 유리가 갑자기 왜 깨졌는지 물어보니 본인도 퇴근하고 집에 와 보니 깨져 있었다고 했다. 일단 유리 업체를 알아볼 테니 다치지 않게 잘 치워놓으라고 했다. 알아보니 샤워부스의 강화 유리 교체 비용은 20만 원 정도가 들었다. 강화 유리는 잘 깨지지 않지만 깨질 때 전체가 깨지면서 날카롭지 않고 뭉툭한 조각으로 깨진다고 한다. 원인은 표면의 미세한 균열, 노후 등 다양하며 충격을 받지 않아도 갑자기 깨지는 경우도 많다고 한다. 그래서 세입자와 비용을 분담하지 않고 내가 모두 부담했다. 고맙게도 이 세입자는 5년을 거주했고 집도 아주 깨끗하게 사용했다.

집이 좋을수록, 요구 사항을 빨리 처리할수록 세입자들은 오래 거주한다. 계약 기간이 1년인데, 계속 연장해 4년씩, 8년씩 살다 간 세입자도 있다. 세입자가 오래 살면 집주인은 중개 수수료와 수리비 등이 절감된다. 드러난 문제점은 가능한 한 신속하게 처리해야 한다는 것을 꼭 기억하라. 이런 이유 때문에 나가는 세입자가 의외로 많다.

다른 한 세입자는 1년 계약을 다 채우지 못하고 나가겠다고 연락이 왔다. 급한 사정이 있었는지 이사를 먼저 하고 중개 사무소에 방을 내놨다. 계약 기간 전에 퇴실을 하면 법적으로 기존 세입자가 다음 세입자를 구해야 한다. 집 상태를 확인하러 갔더니 마루가 다 부풀어 올라있었다. 이대로는 세가 안 나갈 것 같았다. 마루가 부푸는 이유는 나무로 만든 마루에 물이 장시간 고여 있어 물을 머금기 때문이다. 한 번 부푼 마루는 보수하는 수밖에 없다. 기존 세입자에게 전화해 마루 상태를 사진으로 보내주고 수리비를 청구했다. 그런데 나중에 알고 보니 싱크대 하수관이 빠져 물이 새고 있었다. 제대로 꽂아주기만 하면 되는 것이었는데, 세입자가 그걸 몰라 마루에 물이 마르지 않았던 것이다.

세입자가 집을 방치하고 집주인과 소통이 되지 않으면 초가삼간을 다 태우게 된다. 사소한 문제라도 서로가 편하게 연락을 주고받을 수 있는 사이가 돼야 좋다.

상대방을 최고로 대접해줘야 나도 대접받을 수 있다

한번은 사무 공간이 부족해 오피스텔을 빌리고자 부동산 중개사무소를 찾았다. 인기가 많은 지역이었는데, 월세 매물이 많이 없었다. 한 중개 사무소의 중개사는 월세를 찾는 내 물음에 단답으로 "물건 없어요. 여기는 월세가 잘 안 나와요" 하고는 손님을 쳐다보지도 않았다. 몇 가지 더 물어보고 싶었지만 무시하는 태도가 기분 나빠 그냥 나와버렸다. 시간이 지나 그 중개사는 내가 다른 건물의 주인인 것을 알고 태도가 180도 달라졌다. 주인이 세입자가 될 수도, 세입자가 주인이 될 수도 있다. 중개사가 주인이 될 수도, 세입자가 될 수도 있다. 손님을 무시하는 이런 중개 사무소는 오래 가지 못한다.

또 다른 중개 사무소의 중개사는 월세 매물이 있느냐는 내 물음에 먼저 앉으라고 권하고는 음료수를 내어주며 예산은 얼마인지, 지금은 매물이 없지만 나중에라도 매물이 나오면 연락을 주겠다고 내 연락처도 받아갔다. 다른 중개 사무소에 전화해 본인이 모르는 매물이 있는지도 확인해줬다. 나는 이 중개 사무소에서 좋은 월세 매물을 찾아 계약했다.

생각보다 적극적인 중개사는 많지 않다. 거래는 열정적이고 적극적인 곳에서 많이 성사된다. 집주인들은 이런 중개 사무소에 매물을 내놓고 싶어한다. 중개사가 친절하고 열정적이어야 거래가 많이 성사돼 매물도 빨리 나가기 때문이다.

부동산 투자를 잘 하려면 많은 사람들의 도움이 필요하다는 사실을 잊지 말자. 부동산 중개사와 잘 지내야 좋은 매물을 선점하거나 내 부동산도 잘 팔 수 있다. 또한 세입자의 유무는 부동산의 가치와 연결된다. 본인 건물에서 장사를 잘 하는 세입자를 만나면 유동인구가 늘어나 부동산의 가치도 함께 올라간다. 세입자는 나의 고객님이니 친절하게 대해주자. 내가 먼저 친절을 베풀면 문제가 생겨도 원만히 해결할 수 있다.

- 실전투자 3단계 -

인센티브 받는 부동산

부동산 가격은 어떻게 움직일까?

부동산 가격은 예측하기 어려운 경제 영역이다. 같은 시기에도 전문가들 사이에서는 폭등한다는 의견이 있는 반면, 폭락한다는 의견도 있다. 부동산 가격이 정해지는 데는 다양한 요인이 복합적으로 작용한다. 그렇다면 부동산 가격에 영향을 주는 요인에는 어떤 것들이 있는지 알아보자.

첫 번째, 수요와 공급의 법칙

우리는 중학교 사회 시간에 처음 수요와 공급의 법칙을 배운다. 의무교육이니 다들 한 번쯤은 들어봤을 것이다. 예를 들어

판매가가 2,000만 원인 자동차 100대가 팔렸다고 가정하고 소비자와 생산자 입장에서 살펴보자. 만약 동일한 자동차를 가격을 내려 1,000만 원에 판매하면 더 많은 소비자들이 그 자동차를 사려고 하고, 가격을 올려 3,000만 원에 판매하면 비싸서 못 사거나 안 사는 소비자들이 늘어난다. 반대로 생산자는 자동차를 1,000만 원에 판매하면 손해이기 때문에 생산하지 않으려 하고, 3,000만 원에 판매하면 이득이기 때문에 자동차를 더 많이 생산하려 한다. 하지만 3,000만 원을 내고 자동차를 사는 소비자는 적으므로 자동차 가격은 3,000만 원보다 내려가게 된다. 반면 자동차를 1,000만 원에 판매하면 생산자는 생산하지 않으려 하지만 사려는 소비자는 늘어나므로 가격이 올라간다. 이처럼 시장은 공급자의 이익과 수요자의 욕구가 만나는 지점에서 가격이 형성된다.

수요곡선과 공급곡선

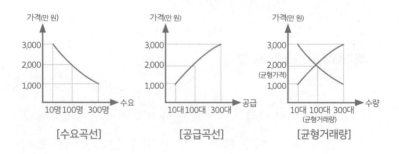

[수요곡선]   [공급곡선]   [균형거래량]

부모와 두 자녀가 있는 4인 가구의 자녀들이 독립하면 2인, 1인, 1인 가구로 나뉘며 동시에 부동산 수요도 늘어난다. 사람들은 이왕이면 입지 좋고 깨끗한 집을 찾는다. 그런데 집이 부족해지면 집값은 오른다. 이 시점에 생산자(건설사, LH 등)는 집을 많이 지어 팔면 재고가 남을 확률이 적고 수익도 크다. 하지만 집을 한 달 만에 지을 수는 없다. 아파트는 최소 3~5년이 걸리고 짓기 전에 정부의 허가도 받아야 한다. 그러다 보니 실제로 공급되는 시점까지 오랜 시간이 걸리고 집값은 계속해서 오를 수밖에 없다. 분양권, 입주권이 있어도 이사를 하려면 일단 집이 다 지어져야 하니 지금 살고 있는 집을 팔 수도 없다. 가격이 오르면 공급량을 늘려 가격을 낮춰야 하는데, 공급이 되기까지 오랜 시간이 걸리니 집을 사려는 사람은 많고 팔려는 사람은 없는 거래 절벽 현상이 발생한다. 즉, 3~5년간 공급은 없는데, 수요는 계속돼 높은 가격임에도 집이 잘 팔린다.

시간이 흘러 3~5년 뒤 집이 다 지어져 공급이 됐다. 기존에 살던 집을 팔아 자금을 마련해 새 집으로 이사를 하려는 사람들이 갑자기 많아진다. 새 집이 다 지어져야 비로소 헌 집이 시장에 공급된다. 공급이 많아지면 부동산 가격 하락장이 온다. 집값이 하락하기 시작하니 가격이 더 떨어지기 전에 기존 집이나 새 집을 팔려는 사람들이 갑자기 늘어난다. 시장에는 매물이 넘쳐나고 공급이 많아지니 급한 사람들은 가격을 내린다.

부동산은 공급까지 시간이 많이 걸리기 때문에 그 기간 동안 가격이 올랐다가 숨 고르기를 한 번 한 뒤 보합이나 하락장이 온다. 하지만 가격 상승장에 공급이 계획되지 않으면 한동안 집값은 계속해서 오를 수밖에 없다.

상품이든 부동산이든 손해를 보고 팔려는 사람은 없다. 상품을 제조하든 건물을 짓든 인건비와 원자재비 등 여러 비용이 든다. 그러다 보니 가격이 너무 떨어지면 아예 생산을 하지 않거나 팔지 않는다. 시장은 수요와 공급에 의해 비소로 가격이 결정된다.

두 번째, 정부의 정책과 규제

부동산 가격에 영향을 주는 요인 중 첫 번째가 수요와 공급이다. 부동산을 공급하려면 정부의 허가가 필요하다. 대량의 부동산을 공급하려면 엄청난 자금과 함께 정부에서 규제를 풀어줘야 하므로 정부의 정책과 개발 계획은 부동산 가격에 많은 영향을 끼친다.

우리나라는 국토종합계획[13]과 도시기본계획[14]을 통해 신도시나 혁신도시 등의 대규모 공급을 계획하고 실행한다. 정부에서 택지 개발과 도로, 관공서 배치 등을 계획한 뒤 건설사에게 택지를 분양해 아파트를 공급한다. 정부에서 국토 개발에 필요한 예산을 늘리고, 토지를 보상하고, 공사를 시작하면 부동산—특히 토지—가격이 크게 상승하며 반대의 경우 둔화된다. 짧은 시간에 특정 지역에 너무 많은 물량이 공급되면 그 지역의 부동산 가격이 무너지기도 한다.

통화정책이나 금리정책도 많은 영향을 끼친다. 통화정책이란 한 나라에서 화폐의 독점적 발행권을 지닌 중앙은행—우리나라의 경우 한국은행—이 시중에 유통되는 화폐의 양이나 가격(금리)에 영향을 미치고 이를 통해 화폐의 가치, 즉 물가를 안정시키고 지속적인 경제 성장을 이루기 위한 정책이다. 완화적인 통화정책으로 시중에 통화량이 늘어나 화폐 가치가 떨어지면 실물 자산인 부동산은 가격이 올라간다. 반대로 긴축적인 통화정책으로 시중에 자금 융통이 어려워지면 부동산 거래가 뜸해지고 가격은

....

13 우리나라의 국토 전역을 대상으로 국토의 장기적인 발전 방향을 제시하는 종합 계획으로, 국토교통부에서 발표한다.

14 특별시·광역시·시 또는 군 관할 구역에 대해 기본적인 공간 구조와 장기 발전 방향을 제시하는 종합 계획으로, 도시관리계획 수립의 지침이 된다. 해당 지자체에서 발표한다.

안정화된다.

일반적으로 금리가 내리면 부동산 가격이 오르고 금리가 오르면 부동산 가격이 떨어지는 것으로 알고 있다. 하지만 실제 시장은 그렇지 않았다. 오히려 금리가 오를 때 부동산 가격이 상승하고 금리가 내릴 때 부동산 가격이 하락(조정)하는 경우가 훨씬 많았다. 금리 하락은 경제 불황이 원인이고 금리 상승은 경제 호황이 원인이기 때문이다. 정부의 정책이 부동산 가격에 끼치는 영향은 매우 크다.

규제를 통해 정부가 시장에 깊숙이 관여하면 부동산 가격은 비정상적으로 움직인다. 예를 들어 주차난이 심각해 1주택당 자동차 1대씩을 주차할 수 있는 공간을 의무적으로 설치하게 했다. 그런데 과거보다 자동차가 커졌으니 주차 공간을 더 확보해야 한다는 법안이 통과되면 똑같은 집을 지어도 이전보다 더 많은 땅이 필요하거나 같은 땅에 주차 공간을 늘리고 건물은 더 작게 지어야 한다. 그러면 공급량이 줄어들어 집값은 올라간다. 아파트의 경우 지하 주차장에 택배 차량이 들어가기 힘들다는 민원이 접수돼 법으로 지하 주차장 높이를 더 높이게 되면 아파트를 지을 때 땅을 더 깊이 파야 한다. 그러면 건축 비용이 올라가 부동산 가격도 올라간다. 이처럼 정부가 규제를 하면 주택 공급이 제한돼 부동산 가격의 상승을 유발한다.

국가가 난개발을 피하고 녹지 조성을 위해 그린벨트[15] 지역과 공공녹지 규제를 늘리면 주택을 공급할 땅이 줄어들어 그린벨트에 포함되지 않은 땅과 주택 가격이 비정상적으로 상승한다. 공급을 늘리고자 그린벨트 규제를 풀면 개발 기대로 인해 역시나 비정상적으로 부동산 가격이 급등한다. 더불어 그 주변은 인프라가 개선된다는 희망에 함께 가격이 오른다. 실제로 미국의 샌프란시스코와 댈러스는 1980년 이후 비슷한 소득 상승률을 보여왔는데, 소득 대비 집값을 보면 녹지 규제가 전국에서 가장 강한 샌프란시스코는 부동산 가격이 30%가 넘는 상승률을 보였고 규제하지 않은 댈러스는 큰 변화가 없었다고 한다.

이외에도 거래를 제한하는 투기과열지구[16]나 조정대상지역[17] 지정 등으로 부동산 거래를 규제하면 일시적으로 부동산 가격이 잡히는 것 같지만 규제가 풀리면 다시금 비정상적으로 움직인다.

....

15 개발제한구역이라고도 한다. 법적으로 개발을 제한하고 자연을 보존하도록 지정한 구역이다.

16 주택 가격 상승률이 물가 상승률보다 현저히 높은 지역으로, 해당 지역의 주택 청약 경쟁률, 주택 가격, 주택 보급률, 주택 공급 계획 등과 지역 주택 시장의 여건 등을 고려했을 때 주택에 대한 투기가 성행하고 있거나 성행할 우려가 있는 지역 중 국토교통부령으로 정하는 기준을 충족하는 곳이다.

17 주택 가격 상승률이 물가 상승률의 2배 이상이거나 청약 경쟁률이 5 대 1 이상인 지역이다.

임대차 3법[18] 역시 임차인의 처우를 개선하기 위해 제안된 법안이지만 시장은 쉽게 정부의 뜻대로 움직여주지 않았다. 계약갱신청구권[19]이 생기면서 최근 2년 동안 시세가 많이 오른 집의 경우 임차인과 임대인의 갈등이 불거졌고 새로 나오는 전세 매물은 기하급수적으로 줄어들었다. 그 결과 전셋값은 또 한 번 폭등하고 비싼 값에도 전세를 구하지 못하는 세입자들은 울며 겨자 먹기로 집을 사거나 월세 또는 반전세를 구해야 했다.

수요와 공급에 따라 가격이 변하지 않고 규제에 의해 비정상적으로 움직인 가격은 앞으로 또 어떤 방향으로 움직일지 예측하기 어렵다. 그래서 전문가들의 의견도 많이 나뉘는 것이다. 정부의 정책과 규제는 순간적 이슈로 떠오른 문제를 해결해줄 것처럼 보이지만 부동산 가격에 영향을 끼치는 요인은 다양하다. 따라서 새로운 뉴스가 나오면 다각도로 분석해 실제로 어떤 영향을 끼칠지 시나리오 쓰는 연습을 해보자. 향후 투자를 하는 데 많은 도움이 될 것이다.

....

18 계약갱신청구권제(2년+2년)/ 전월세상한제(계약갱신청구권을 사용한 재계약의 경우 상승폭을 기존 임대료의 5%로 제한함)/ 전월세신고제(주택 임대차 계약을 하면 30일 내로 계약 사항을 지자체에 의무적으로 신고해야 함)

19 임차인이 희망하는 경우 1회 계약 갱신을 청구할 수 있는 권리다. 임차인의 안심 거주 기간이 2년 더 늘어나게 된다.

세 번째, 부동산 세금

월급쟁이 시절에는 세금의 종류가 이토록 많은지 몰랐다. 근로 소득자는 회사에서 미리 월급에 대한 세금을 제하고 지급한다. 근로소득에 대한 소득세는 국세청이 가져가니 국세다. 국세는 국가가 거둬가는 세금이다. 우리나라는 지방자치제도를 시행해 지역 실정에 맞는 지방행정을 할 수 있는데, 지방세를 거둬 지방행정의 기반을 다진다. 근로 소득자의 경우 지방세는 1년에 한번 주민세라는 명목으로 인당 1만 원 정도를 낸다. 지방세는 금액이 적어 신경 쓴 적이 없었는데, 부동산 투자를 하면서 여러 종류의 세금이 있다는 사실을 알았다.

부동산 투자 시 알아둬야 할 기본적인 세금에 대해 정리했다. 정부의 부동산 정책이 바뀜에 따라 계산이 복잡해지므로 그때그때 바뀐 세금과 세율은 반드시 확인해야 한다. 특히 비과세 관련 조항은 세무사는 물론 세무 공무원도 혼동하는 경우가 있으므로 여러 곳에서 교차로 검증하고 정확한 근거를 모아두는 것이 좋다.

부동산 투자 시 알아둬야 할 세금

① 취득세 : 부동산을 처음 살 때 부과하는 거래세로, 지방세에 속한다. 취득일자로부터 60일 이내에 신고납부해야 하고 60일이 지나기 전이라도 부동산을 등기하는 경우 등기 전까지 신고납부해야 한다. 취

득세율은 취득 금액의 1.1~12%까지 면적, 종류, 주택 수에 따라 다르게 부과된다.

② 재산세 : 매년 6월 1일, 당시의 그 재산을 실질적으로 소유한 사람에게 부과하는 보유세로, 지방세에 속한다. 재산은 6개월 이상 존재한 토지, 주택, 일반 건축물과 선박 및 항공기에 한한다. 세금이 20만 원을 초과할 경우 7월과 9월에 반반씩 나누어 내며 20만 원 이하는 7월에 한 번만 낸다. 보유한 물건의 종류에 따라 공시가격의 0.1~4%가 부과된다.

③ 종합부동산세 : 일정 금액 이상의 부동산을 소유한 사람에게 부과하는 보유세로, 줄여서 종부세라고도 한다. 참여정부 시절 신설한 국세다. 종부세 납세의무자는 6월 1일 기준 현재 소유한 주택 또는 토지의 공시가격 합계액이 자산별 공제액을 초과하는 사람이다. 아파트나 다가구 등의 주택 과세 대상은 공시가격 6억 원 초과다. 다만 1세대 1주택자는 9억 원 이상을 기준으로 한다. 공시가격의 0.5~3.2%가 부과된다.

④ 양도소득세 : 소득세의 일종으로, 자산 양도로 인해 벌어들인 자본 이익에 대해 부과하는 세금이다. 줄여서 양도세라고도 한다. 10억 원에 샀던 건물을 12억 원에 팔아 2억 원의 양도 차익을 거뒀을 때 여기에 부과하는 세금이다. 양도 차액의 6~75%가 부과된다.

	부동산을 살 때	부동산을 보유하고 있을 때		부동산을 팔 때
종류	거래세	보유세		소득세
세목	취득세	재산세	종합부동산세 (종부세)	양도소득세 (양도세)
과세 주체	지방세	지방세	국세	국세
과세 시기	부동산 거래가 일어날 때마다	매년 6월 1일	매년 6월 1일	자산 양도(처분) 시
누구에게	부동산을 새로 취득한 사람	당시의 그 재산을 실질적으로 소유한 사람	일정 금액 이상의 부동산을 소유한 사람	자산을 양도한 사람
얼마나	실제 거래 금액의 1.1~12%	공시가격의 0.1~4%	공시가격의 0.5~3.2%	양도 차액의 6~75%

부동산을 소유함으로써 내야 하는 세금이 은행 예금에 비해 불리하거나 비슷하면 부동산을 가진 사람들이 매물을 내놓게 된다. 주의할 점은 부동산 시장을 인위적으로 부양하고자 정부에서 세금을 과하게 인상하거나 필요 이상으로 인하하면 오히려 비정상적인 상황을 암시하는 위험 신호로 볼 수 있다. 예를 들어 보유세와 소득세를 인상하면 다주택자는 수도권 외곽이나 지방에 있는 부동산을 처분하고 '똘똘한 한 채'를 남겨 비과세를 노린다. 이는 수요의 쏠림을 만들어 똘똘한 한 채는 가격이 더 오르게 돼 양극화를 부른다. 반대로 정부에서 세금 완화 정책을 실시하면 투자자들이 상대적으로 부동산 가격이 덜 오른 지역으로 분산되므로 지방의 부동산 가격이 오르게 된다.

네 번째, 인구의 증감·경제 성장·실업률

부동산 시장은 지역별로 다르게 움직인다는 특징이 있다. 정부에서 통화정책이나 금리정책을 시행하면 돈이 특정 지역에만 풀리거나 줄어들지 않는다. 하지만 부동산 시장은 지역별로 분위기가 많이 다르다. 지역별 부동산 가격은 인구 증감률, 즉 경제활동이 가능한 청장년층의 증감률을 보면 된다. 경제활동을 하는 청장년층이 일자리를 얻고, 안정되면 결혼을 하고, 집을 사서 가정을 일굴 수 있는 곳이라면 그 지역의 부동산 시장은 핑크빛이다. 반대로 도시의 산업 경기가 좋지 못해 실업률이 올라가고 실직자가 늘면 집을 팔고 고향으로 돌아가려는 사람이 늘어나고 부동산 시장은 불황기를 맞는다.

이외에도 학군, 상권의 성장, 교통의 발달 등 여러 요인들이 부동산 수요를 움직인다. 주식시장에서는 단기적으로 가격을 좌우하는 것은 수요고 장기적으로 가격을 좌우하는 것은 공급이라는 말이 있다. 부동산 시장은 반대다. 부동산 가격은 단기적으로는 공급에 의해 좌우되고 장기적으로는 수요에 의해 좌우된다. 부동산은 수요와 공급을 좌지우지하는 여러 요인이 복합적으로 얽혀 시장 가격이 결정된다.

실거주하고 인센티브 받는 잘 키운 내 집

실거주하는 집으로 챙긴 인센티브

부동산 투자의 꽃은 몇억, 몇십억씩 가치가 변하는 시세 차익이다. 미래에 가치가 어떻게 변할 것인지 미리 내다보고 투자하는 경우 리스크는 높지만 고수익을 노릴 수 있다. 나는 부동산 투자를 할 때 안정적으로 월세를 받는 부동산과 리스크가 있지만 고수익을 노리는 시세 차익용 부동산을 나누어 투자한다. 회사에서 주는 안정적인 월급은 월세 받는 부동산으로, 연말에 회사의 수익이나 개인의 성과가 좋아서 받는 인센티브는 인센티브 받는 부동산으로 나눴다.

인센티브 받는 부동산은 지금 당장은 돈이 되지 않지만 나중을 위해 투자하는 것이다 보니 리스크가 있다. 그 리스크를 안고 가려면 배짱이 있어야 한다. 실거주도 하면서 인센티브를 받은 내 사례를 소개하겠다.

내가 투자한 부동산 중 가장 많이 오른 건 대부분이 실거주 목적으로 산 아파트였다. 나는 결혼 뒤 7년 동안 이사를 네 번 했다. 전세나 월세 때문에 이사한 것이 아니다. 내 집이라도 자주 이사해야 한다. 처음 산—대단지가 아닌—'나홀로' 24평짜리 아파트의 매수가는 1억 8,000만 원이었다. 이때는 갓 결혼한 신혼부부라 가진 돈으로 살 수 있는 작은 평수의 아파트에 만족했다. 대단지 아파트의 위력을 몰라 나홀로 아파트를 샀지만 입지는 좋았다. 평지에 있고 관광지 근처라 대중교통 접근성이 좋았다. 인근에 상권도 잘 발달돼있었다. 그리고 3년 뒤 아이가 생겨 대단지 아파트로 이사를 결심했다. 기존 집을 팔거나 전세를 놓기 위해 부동산 중개 사무소에 내놨는데, 전세로 먼저 임대했다. 전세 보증금은 우리가 아파트를 산 가격인 1억 8,000만 원이었다. 아파트를 팔지 않고도 투자금을 모두 회수한 것이다. 몇 년 뒤 주변에 재개발과 재건축 바람이 불어 이 아파트는 4억 5,000만 원에 거래가 됐다.

두 번째로 이사한 집은 매매가가 4억 5,000만 원에 5000세대가 살고 있는 대단지 아파트였다. 분양받은 아파트가 있어 보증금 3억 원을 내고 전세로 들어갔는데, 2년을 살고 나오니 그 아파트의 가격은 7억 원이 돼있었다. '그때 집을 샀으면 돈을 많이 벌었을 텐데…' 하는 아쉬움이 남았지만 대단지 아파트를 보는 눈을 키웠기에 만족했다.

세 번째로 이사한 집은 분양받은 3000세대 아파트였다. 분양가는 3억 8,000만 원이었고 현재 매매가는 9억 원 정도다. 이 집으로 이사한 뒤 이제 막 뛰기 시작하는 3살 여자 아이 한 명을 키우고 있었는데, 아랫집에서 시끄럽다고 호출이 왔다. 매번 아이에게 뛰지 말라고 하기도 싫어 그 시점에 입주하는 새 아파트를 구경하러 다녔다. 그리고 당시 시세보다 저렴한 4억 9,000만 원에 나온 1층 매물을 발견했다. 1층에서 잠시 살다 다시 이사한다는 마음으로 네 번째 집을 계약했다. 그런데 그 네 번째 집을 두 달 뒤 1억 원을 더 높여서 팔라고 중개 사무소에서 연락이 왔다. 우리가 입주 예정이라고 거절한 뒤 세 번째 집은 전세를 놓고 네 번째 집으로 이사했다. 그리고 네 번째 집의 현재 매매가는 7억 원 정도다.

운이 좋아 부동산 경기가 활황일 때 실거주할 집을 많이 옮긴 결과일까? 아니다. 실거주용 집은 부동산 경기와 상관없이 사라고 'Part 2-실전투자 1단계'에서 말했다. 장기적으로 '언젠가는 물가 따라가겠지'라는 막연한 생각이 있었지만 집을 살 당시에는 시세가 이렇게나 빨리 오를 거라고는 예상하지 못했다. 부동산 가격이 올라도 집을 살 때는 고민되고 내려도 집을 살 때는 고민된다. 그냥 본인이 살고 싶은 집, 더 좋은 집에서 살고 싶은 욕구를 따라 최선을 다해 움직이다 보면 시간이 흘러 자산이 불어난다. 본인이 살고 싶은 집, 지금보다 더 좋은 집에 살면 시세가 많이 오르지 않아도 만족도는 상승한다. 부동산 가격 하락장이 오면 그동안 거주한 비용이라 생각하고 그 시점에 가격이 더 하락한 다른 좋은 집으로 이사하면 된다.

주변에서 왜 이렇게 이사를 많이 하냐고 귀찮지 않냐고 묻는 사람들이 있다. 나는 이사를 자주 하면서 집을 보는 눈이 생겼다. 또한 내 생각보다 실거주용 집을 계속 이사하면 번거로운 만큼 목돈도 많이 생겼다. 더 비싸고 더 좋은 집으로 한 번에 옮길 수 있는 방법이 있다면 좋겠지만 가진 돈 안에서 최선의 선택을 해야 한다.

이렇게 모인 자산은 한 번에 껑충 뛰어 크게 불어난다. 1~2억 원짜리 집을 여러 채 사 모으다 5억 원짜리 아파트로 옮길 때 두어 채를 팔아서 자금을 합친다. 마찬가지로 5억 원짜리 아파트 몇 채를 가지고 있다 10억 원 이상의 집으로 옮긴다. 티끌이 모여 태산이 되면 자산은 점점 더 탄탄해진다.

예전에 방영했던 예능 프로그램 「안녕하세요」에서 엄마가 이사를 너무 자주 해서 불편하다는 고민을 가진 중학생이 나온 적이 있다. 같은 아파트 단지 안에서도 이사하고, 인테리어가 마음에 안 들어 이사하고, 1년에도 몇 번씩 이사한다고 했다. 엄마가 함께 나와 이사를 하면서 돈을 좀 벌었다고 했는데, 사람들은 엄마가 재테크를 하고 있다는 사실보다 이사를 자주 해 불편하다는 사실에 집중했다. 이 사연은 집값이 요동치기 한참 전에 나온 사연이다.

예나 지금이나 부동산 재테크를 하면서 주거의 질도 높이고 돈도 버는 사람들이 많다. 나는 살고 싶은 집이 있으면 비싼 돈을 지불하더라도 전세든, 월세든, 매매든 꼭 살아보라고 권한다. 살아보면 그 집이 왜 비싼지 알게 된다. 누군가는 가치를 지불하고 그 집을 산다. 그 가치를 미리 알아보는 사람이 돈을 버는 것이다. 가치를 경험해볼 수 있다면 비용을 지불하더라도 꼭 경험해봐야 한다. 그것은 이사 비용이 될 수도 있고, 이자 비용이 될 수도 있고, 월세 비용이 될 수도 있다.

요즘은 포장이사를 하면 짐도 다 싸주고 정리도 다 해준다. 손가락 하나 까딱하지 않아도 되는 세상이다. 주기적으로 집을 대청소하는 대신 새로운 집으로 이사하면서 기분 전환하길 추천한다.

지금 당장 받을 수 있는 인센티브

더 싸게 사는 노하우

"급매", 부동산 중개 사무소에서 이 단어를 본 적 있는가? 시세보다 저렴한 것을 급매라고 한다. 현재 시세가 2억 원인데, 중개 사무소에 급매로 1억 9,000만 원에 나온 집이 있다. 하루라도 빨리 계약해 본인 것으로 만든 뒤 시세대로 제값을 받고 팔 수 있다면 단기간에 1,000만 원의 차익을 얻을 수 있다. 시세보다 저렴한 물건은 수익률을 높여주고 당장의 차익이 보이기에 선택하기 쉽다.

부지런히 부동산 매물을 찾다 보면 시세보다 싸게 살 수 있는 매물이 생각보다 많다. 초보 부동산 투자자일 때는 그런 매물은 구하기 어렵고 나한테 오지도 않을 거라고 생각했다. 하지만 간

절히 원하면 기회는 온다. 중개 사무소를 1주일에 한 번씩 꼬박꼬박 방문해 매물이 있는지 물어보고 꼭 사고 싶다는 의지를 보여줬다. 구하기 어려운 경우 중개 수수료를 더 챙겨줄 의사가 있음을 밝히는 것도 좋다. 진짜 살 의지가 있다는 것을 보여주는 것이다. 그러면 해당 매물이 나왔을 때 연락받을 확률이 높아진다. 만약 매물이 없다면 중개 사무소에서 비슷한 입지의 다른 지역의 매물을 추천하기도 한다. 결국 본인이 원하는 조건에 맞는 매물을 찾을 때까지 열심히 쫓아다녀야 한다. 사고 나면 게임은 끝이다. 시장에서 물건을 살 때는 1,000원이라도 깎으려고 노력하는데, 부동산을 살 때는 100만 원이라도 싸게 살 수 있다면 노력해야 하지 않겠는가? 운이 좋으면 1,000만 원, 1억 원도 깎을 수 있는 것이 부동산이다.

'급매로 나온 집은 하자가 있지 않을까?'라는 의심도 필요하지만 의외로 집을 팔아야 하는 입장이 되면 급매로 내놓을 수밖에 없는 이유는 다양하다. 부모님이 살다 돌아가신 집, 타지 발령, 절세, 수리가 필요한 집 등. 또한 2주택자가 비과세 혜택을 받기 위해 기존 집을 처분해야 하는 기간은 두 번째 집을 사고 나서 3년 이내다. 2년 동안 전세를 놓은 뒤 남은 1년 안에 집을 처분하려다 보니 급매로 내놓는 경우도 있다. 종부세를 피하기 위해 6월 이전에 집을 처분하려는 다주택자도 있다.

처음 살 때 조금 싸게 사두면 부동산 경기가 나빠져 가격이 떨어져도 크게 손해 보지 않는다. 싸게 산 만큼 팔 때 깎아줘도 손해가 아니다. 끝까지 여유 부리며 유리한 조건으로 팔 수 있다. 그래서 급매는 내 손을 떠날 때까지 효자 노릇을 한다. 사는 사람은 왜 싸게 파는 것인지 의심이 되겠지만 파는 사람은 손해만 보지 않으면 얼마를 받든 크게 중요하지 않다. 예를 들어 1억 원에 산 집이 시세가 2억 원이 돼 1억 원 정도의 차익을 남기고 판다고 가정해보자. 2억 원에는 다른 집 매물도 많다. 그럼 내 집은 큰 메리트가 없다. 기왕이면 1억 원을 남기면 좋겠지만 9,000만 원만 남겨도 괜찮은 투자다. 9,000만 원이든 1억 원이든 어차피 없던 돈이 생긴 거라고 생각하자. 시간적 여유가 있으면 1억 원을 남기겠지만 고객을 기다리게 해 애태우느니 좀 깎아주고 빨리 팔아 다른 곳에 투자한다고 생각하면 된다. 별것 아닌 이유로 급매가 나오는 경우는 생각보다 많다.

하지만 사기꾼의 함정도 많기 때문에 현장에 가서 왜 급매로 나왔는지 정확한 이유를 파악해야 한다. 중개 사무소의 이야기도 들어보고 집을 보러 가 집주인의 이야기도 들어봐야 한다. 특히 수리비가 많이 나와 싸게 내놓는 경우가 많다. 리스크가 있다면 더 많은 정보와 해결책을 가진 사람이 승자다. 수리비가 얼마나 드는지 파악해 수지 타산이 맞는지 계산해본다. 이 경우 수리를 더 싸게 할 수 있는 사람일수록 수익률이 좋다. 그리고 이때 필요한 것은 뭐? 빠른 판단력이다. 싸고 좋은 급매 부동산은 경쟁이 치열하다. 급매로 나온 부동산의 사연을 활용해 잔금을 더 빨리 지급하는 조건으로 가격을 깎는 것도 노하우다.

내가 최단기간에 시세 차익을 거둔 부동산은 경매를 통해 시세보다 1,500만 원 정도 싸게 낙찰받은 것이었다. 법원에 잔금을 지급하기 전에 시세를 알아보고자 중개 사무소를 갔다 판매 의사를 밝혔더니 3일 뒤 사겠다는 손님이 나타났다. 1주일 만에 급하게 법원에 잔금을 지급하고 다른 사람에게 팔기까지 한 달이 채 걸리지 않았다. '이런 부동산 거래를 한 달에 하나씩만 해도 1억 원 이상 벌 텐데…'라는 생각이 드는가? 그렇다면 오산이다. 단기로 부동산을 사고팔면 양도세율이 높아져 생각보다 많이 남지 않는다. 큰돈 바라지 않고 '소소하게 세금 다 떼고 300만 원만 남기자'라고 생각하면 쏠쏠하다.

단기간에 부동산을 팔아본 경험은 나에게 부동산 투자에 대한 자신감을 키워줬다. 여기서 세금을 절약하려면 부동산을 2년 이상 보유한 뒤에 팔면 양도세율이 낮아진다. 그 사이 투자금을 회수하려면 전세를 놓거나 대출받을 수 있으면 월세를 놓은 뒤 2년을 채우고 팔면 수익이률 올라간다.

시세보다 싸게 살 수 있는 방법 중에 경매라는 것이 있다. 하지만 경매가 아니더라도 현장에서도 급매 부동산을 살 수 있다. 나는 경매 부동산을 조사하러 갔다 중개 사무소에 나온 급매 부동산을 산 경우도 많다.

더 비싸게 파는 노하우

여기에서 중요한 점은 '나는 남들보다 이 집을 얼마나 더 빨리 더 비싸게 팔 수 있는가'다. 먼저 남들보다 집을 더 깨끗하고 예쁘게 꾸며놓아야 한다. 특히 조명은 밝게, 새것으로 교체해놓자. 보기 좋은 떡이 먹기도 좋은 법이다. 집을 사려는 실수요자에게는 첫인상이 좋은 집이 자꾸 아른거린다. 자꾸 아른거리다 보면 거래로 이어지게 된다.

다음으로, 손님에게 내 집을 잘 소개해줄 중개사도 중요하다. 일 잘하는 중개사들과 친분을 쌓아두자. 그리고 중개사가 손님에게 내 집을 잘 소개하는 것도 중요하지만 내가 중개사에게 내 집을 잘 소개하는 것도 중요하다. 중개사들의 명함을 받으면 연락처를 저장해두고 팔거나 임대하려는 부동산 사진을 예쁘게 찍은 뒤 간략한 소개와 함께 문자를 보내면 손님을 소개해주는 경우도 많다. 집을 팔거나 임대할 경우 중개 사무소 한두 군데만 방문해 중개사들의 말만 믿고 기다리면 시간이 많이 걸릴 수 있다. 최대한 많은 중개 사무소에 직접 전화하거나 방문해 매물을 내놓아야 한다.

[부동산 투자의 성공 공식]

부동산 투자 수익 = 돈 × 시간

'못 팔면 어떡하지?'라는 두려움이 앞선다면 시간이 해결해주니 안심하자. 당장 못 팔거나 안 팔아도 괜찮다. 장기적으로 보고 보유하는 동안 임대 수익을 만들어내고 사려는 사람이 나타났을 때 본인이 산 가격에 팔기만 해도 이득이다. 게다가 시간이 흘러 물가 상승률에 따라 실물 자산 가격이 오른 시점이라면 임대 수익과 시세 차익 두 마리 토끼를 잡을 수 있다.

당장 인센티브를 받아 금새 팔아버린 부동산들은 나중에 보면 '더 갖고 있었으면 더 큰 수익을 냈을 텐데…'라는 아쉬움이 들기도 한다. 집을 잘 파는 것도 노하우이지만 팔지 않는 것 역시 수익을 내는 노하우다.

14

세입자와 함께 구입하는 집

예전부터 존재하던 갭투자

실거주가 아닌 임대가 목적인 집, 그중에서도 전세를 놓은 상태에서 사거나 산 뒤 바로 전세를 놓는 것을 '갭투자'라고 한다. 갭투자라는 용어가 흔하게 사용되기 한참 전에도 부동산 시장에는 '전세를 끼고 사는 집'이라는, 예전부터 존재하던 부동산 투자 방법이 있었다. 본 책의 Part 1에서 소개했던 8,000만 원짜리 빌라가 나의 갭투자 사례 중 하나다.

예를 들어 매매가는 1억 원, 전세가는 8,000만 원인 집이 있다. 투자자 A가 이 집을 살 경우 세입자가 있다면 매매가에서 전세금을 제한 차액만 매도인에게 지급하고 세입자는 그대로 인수한다. 공실이라면 잔금 지급일에 맞춰 들어올 수 있는 세입자를 구해 세입자의 전세 보증금으로 잔금 8,000만 원을 내면 된다. 사실상 세입자가 집주인보다 더 많은 돈을 내는 것이다. 어찌 보면 세입자가 불리한 것 같지만 이런 거래가 성사되는 데는 이유가 있다. 세입자는 앞으로 집값이 떨어질 거라는 생각에 전세를 구했고 투자자 A는 집값이 오를 거라는 생각에 집을 샀다. 투자자 A는 2,000만 원으로 집을 소유하고 리스크를 안지만 세입자는 8,000만 원으로 리스크 없이 집을 사용할 권리를 갖는다. 부동산 가격이 하락하면 리스크, 즉 모든 손해는 투자자 A가 짊어지고 반대로 부동산 가격이 상승하면 모든 이득은 투자자 A가 가져간다. 만에 하나 집값이 떨어져도 투자라 생각하면 원금 손실을 감수할 수 있다. 투자자와 실거주자의 생각은 다르다. 이 둘의 생각 차이가 시장에서 만나면 거래는 성사된다.

미래의 부동산 가격이 오를지 내릴지 판단하는 것은 쉬운 일이 아니다. 경제지표상 부동산 가격이 거품처럼 보여도 다른 요인에 의해 가격이 더 오를 수도 있다. 시장이 너무 정체돼 정부가 시중에 돈을 풀어도 부동산 가격은 오를 수도, 아닐 수도 있다. 그만큼 다양한 요인이 부동산 가격에 영향을 끼치므로 시장을 잘 예측하는 사람이 더 많은 돈을 벌 수 있다.

부동산 가격이 거품이라고 판단되면 거품이 빠진 뒤에는 어떻게 대응할지 미리 출구 전략을 짜두자. 남들은 가격이 떨어진다고 예상해도 오를 가능성이 있는 곳을 찾아 세입자와 함께 투자

한다면 몇 년 뒤 웃고 있는 본인의 모습을 볼 수 있다.

거품이라 생각되면 시야를 넓히면 된다

뉴스에서 부동산 거품이니 뭐니 해도 마치 다른 나라 이야기인 듯이 공감하지 못하는 지역들이 있다. 뉴스에는 수도권 위주로 많이 나오지만 부동산은 전국에 골고루 분포한다.—수도권이 수요가 많은 건 사실이다.—서울의 부동산 가격이 많이 올랐다고 생각되면 대체제로 수도권의 부동산을 찾는 것처럼, 본인이 사는 동네의 부동산 가격이 많이 올랐다고 생각되면 다른 지역으로 시야를 넓히는 것도 방법이다.

"지금 집 잘못 사면 곡소리 난다"라는 제목의 기사가 나왔던 시점의 서울시와 경남 거제시의 어느 두 아파트의 실거래가를 살펴보자. 2022년 3월에 조회한 오른쪽 페이지의 왼쪽 그래프를 보면 서울시의 ○○아파트는 2016~2022년 사이 부동산 가격이 급격히 상승했다. 반면 같은 시점의 오른쪽 그래프를 보면 거제시의 △△아파트는 가격이 떨어졌다. 거제시의 이 아파트뿐만 아니라 다른 아파트들의 가격도 전체적으로 비슷한 흐름이었다.

서울시 ○○아파트(왼쪽)와
경남 거제시 △△아파트(오른쪽)의 실거래가 추이

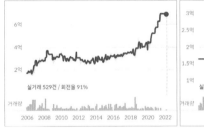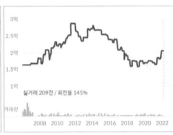

출처 : 호갱노노

그렇다면 왜 가격이 떨어졌을까? 조선업 경기가 나빠진 뒤 거제시의 중견 조선사들이 파산하고 살아남은 회사들은 구조 조정을 하면서 거제시 인구가 유출됨에 따라 부동산 가격이 하락했다. 아직도 조선업 경기가 예전만큼 회복되지 못해 부동산 가격역시 예전 가격을 만회하지는 못햇지만 최근 조선사들의 수주물량이 늘어나고 사람을 구한다는 소문이 있다. 이에 따라 신축아파트들의 가격이 먼저 상승했고 구축 아파트들도 가격이 상승할 가능성이 있으므로 투자해볼 만하다.

이처럼 시야를 넓히면 투자할 곳은 여전히 많다. 전국에는 전세가가 매매가를 상회하는 지역들이 있다. 왜 그 지역은 전세가가 높은지, 매매가는 따라 오를 수 있는지 등을 분석해보고 투자할 곳을 찾아보자.

2020년 5월 경남 창원시에 어느 아파트를 보러 갔다. 30년 가까이 된 구축 아파트로, 22평의 평균 매매가가 1억 1,000만 원 정도였고 수리를 한 경우 전세가는 1억 원 정도였다. 이 지역은 예전에 갭투자가 성행했었고 집값이 많이 올랐다 다시 내린 곳이었다. 집값이 내린 시점에 가보니 예전에는 전세가가 1억 5,000만 원 정도였는데, 다시 보러 갔을 때는 집값이 많이 떨어져 매매가가 1억 1,000만 원 정도에 형성돼있었다. 매매가보다 전세가가 높아지니 집주인이 계약이 만료된 세입자에게 전세 보증금을 내주지 못해 경매로 넘어가는 집들도 많았다. 당시 이 지역에는 부동산은 돈이 안 된다며 집을 산 사람들은 모두 손해라는 생각이 만연했다.

나는 남들이 매매를 두려워하는 시점에 저렴한 가격에 아파트를 샀다. 예전에는 매매가가 2억 원까지 했던 집이니 1억 원이면 반값이 아닌가? 나중에 부동산 경기가 좋아지면 5년 전 가격인 2억 원을 회복할 거라 기대했다. 집을 산 뒤 700만 원 정도를 들여 간단히 리모델링을 하고 1억 원에 전세를 놓으니 투자금은 금세 회수됐다. 그리고 1년 뒤 이 집의 매매가는 2억 원이 넘었다. 이렇게 빨리 오를 줄은 예상하지 못했지만 결과적으로 시세 차익은 투자금의 8배에 가까웠다.

경남 창원시 아파트 투자 내역

(단위 : 원)

매수 내역 (2020년 7월)		전세 임대 내역		매도 내역 (2021년 11월)	
매수가	107,000,000	보증금	100,000,000	매도가	230,000,000
수리비	7,000,000			시세 차익	123,000,000
부대 비용	1,727,000				
실투자금			수익률(양도세 제외)		
15,727,000			782%		

　여기서 기억해야 하는 것은 시세 차익으로 남긴 돈은 모두 내 것이 아니다. 양도세를 내야 하기 때문이다. 본인이 살고 있는 집 외에 다른 집으로 생긴 시세 차익은 국가와 나눠야 한다. 그래서 시세 차익용 부동산은 밖에서 보는 것보다 실제로 남는 돈이 적다. 하지만 구더기 무서워 장을 못 담궈 먹으면 안 된다. 세금이 무서워 투자하지 않는 어리석음을 범하지 말라.

1,000만 원으로 1억 원짜리 집을 사는 방법

나는 10년 동안 자산 10억 원을 만들고 싶었다. 1년에 1억 원씩 불려야 하는데, 내가 생각한 방법은 1,000만 원으로 1년에 1억 원짜리 집을 한 채씩 사는 것이었다. 이렇게 10년 동안 1억 원짜리 집 열 채를 사면 10억 원이 된다. 'Part 2-14'에서 소개한 갭투자 방식으로 세입자와 함께 집을 사면 충분히 가능하다.

호갱노노 어플리케이션을 활용해 1,000만 원으로 살 수 있는 집을 찾아보자.

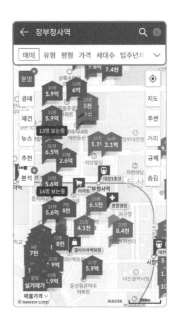

① 휴대전화에 호갱노노 어플리케이션을 설치해 실행한 뒤 첫 화면 상단 검색창에 찾고자 하는 아파트명, 지역명, 학교명, 지하철역명 등을 검색한다. 그러면 위 이미지처럼 해당 지역의 지도 위에 실거래가와 분양 정보 등이 표시된다. 또한 검색창 아래의 필터 기능을 사용하면 본인이 원하는 조건에 맞는 부동산만 추려서 볼 수 있다. 화살표 ⌄ 아이콘을 누르면 더 많은 필터를 선택할 수 있다.

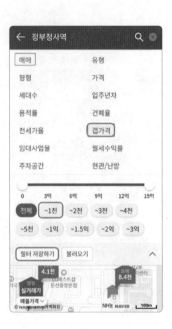

② 화살표 아이콘을 누르면 나오는 필터 중 '갭가격 갭가격 ' 탭을 선택하
면 아래에 금액 조건들이 나타난다. '~1천 ~1천 ' 탭을 누른 뒤 '필터
저장하기 필터 저장하기 ' 탭을 누른다.

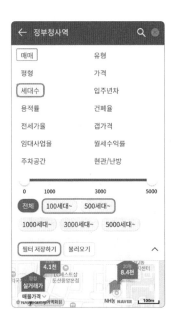

③ 대단지를 원하면 '세대수 세대수' 탭을 선택하면 아래에 세대수 조건
들이 나타난다. '100세대~ 100세대~' 또는 '500세대~ 500세대~' 탭을
누른 뒤 '필터 저장하기 필터 저장하기' 탭을 누른다. 원하는 조건의 필터
를 모두 선택했다면 화살표 ∧ 아이콘을 누른다.

④ 지도 위에 본인이 선택한 조건에 맞는 집들만 표시된다. 지도를 주변

　지역으로 옮겨가며 실거래가를 확인한다.

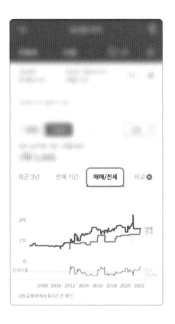

⑤ 지도에서 원하는 집을 찾았다면 해당 집을 누른다. 위 이미지처럼 그
래프가 나타나고 '매매/전세 매매/전세 ' 탭을 누르면 매매가와 전세가를
비교할 수 있다. 매매가와 전세가 그래프가 만나면 매매가가 상승할
여력이 있는 집이다. 본 책에서 소개한 기능 외에도 호갱노노에서 제
공하는 여러 기능들을 활용해 투자 가능한 매물이 있는지 찾아보자.

16

헌 집 줄게 새 집 다오, 재건축

대한민국의 빈부 격차

인터넷상에서 화제가 된 사진 한 장이 있다. "외국인이 빈부 격차 느꼈다고 하는 대한민국의 풍경"이라는 제목의 아래 사진이다.

출처 : 위키트리

이 사진 한 장에는 낡고 오래된 아파트와 고층의 세련된 최신식 아파트가 함께 담겨 있다. 실제로 외국인이 찍은 것인지는 확실하지 않지만 삶의 질이 다르게 보이는, 빈부 격차가 느껴지는 사진임은 확실하다. 하지만 실상은 다르다. 사진 앞쪽에 위치한 아파트는 비록 누추해 보이지만 반전이 있다. 이 사진은 서울시 용산구 이촌동의 모습이다. 사진 속에 등장하는 낡은 아파트는 왕궁아파트이고 뒤쪽에 위치한 고층 아파트는 래미안 첼리투스다. 서울 한복판이면서 한강변인 만큼 땅값이 굉장히 비싼 동네다.

**서울시 용산구 이촌동의
래미안 첼리투스(왼쪽)와 왕궁아파트(오른쪽)**

출처 : 위키트리

삼성물산이 2015년 건설한 래미안 첼리투스는 56층짜리 아파트다. 총 460세대로, 50평의 단일 평형이며 모든 가구에서 한강 조망이 가능하다. 2022년 1월 최고가 50억 원에 매매된 바 있다. 평당 1억 원이다. 고층 아파트다 보니 층수에 따라 가격 차이가 나는 것을 감안해 한국부동산원 기준 매매가 시세를 살펴보면

29~37억 원 선이다. 평당 5,800~7,400만 원에 거래 중이다.

왕궁아파트도 겉보기에는 낡아 보이지만 가격은 호락호락하지 않다. 마찬가지로 삼성물산이 1974년 완공한 총 250세대, 31평의 단일 평형이다. 2021년 8월 최고가 26억 4,500만 원에 거래됐다. 평당 8,500만 원이다. 한국부동산원 기준 매매가 시세는 18억 2,000만 원~20억 원 선이다. 평당 5,870~6,450만 원이라는 말이다.

겉만 보면 빈부 격차가 커 보이지만 실상 가격은 새 집이나 헌 집이나 별 차이가 없다. 왜 이런 현상이 나타났을까? 왕궁아파트는 건축한 지 50년이 다 되어가는 아파트다. 몇십 년 전부터 재건축 소식이 있었고 현재는 재건축 조합 설립인가까지 진행된 상태다. 재건축이 되면 한강 조망권을 갖춘 새 아파트가 된다. 그때가 되면 몸값이 이웃 래미안 첼리투스를 넘어설지도 모른다.

많은 사람들이 당장 새 아파트를 살 수 없으면 차선책으로 나중에 새 아파트가 될 곳을 찾는다. 그러다 보니 헌 집으로 사람들이 몰리고 자연스럽게 헌 집의 몸값은 새 집을 넘보는 상황이 된다. 최근 서울시에서 한강변 아파트 15층, 35층 고도 제한 규제 폐지 방침을 세우면서 한강변 재건축 이슈가 있는 대부분의 아파트 가격이 들썩였다.

주택재건축사업이란?

주택재건축사업이란 무엇일까? 재건축은 정비기반시설(수도,
전기 등)은 양호하지만 낡고 오래된 노후·불량 건축물에 해당하는
공동주택이 밀집한 지역에서 주거 환경을 개선하기 위한 사업을
말한다. 「도시 및 주거환경정비법」에 따른 정비 사업 중 하나다.

주택재건축사업

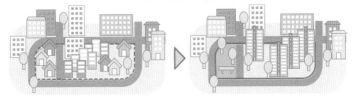

[주택재건축사업 대상 지역]   [주택재건축사업 시행]

서울에 위치한 대부분의 재건축 단지들은 가격이 비싸고 대출
은 적게 나오기 때문에 전세나 월세를 놓으면 수익 구조가 몹시
나쁘다. 앞서 부동산 투자의 성공 공식은 '돈×시간'이라고 했다.
현금이 많아 몇십억을 재건축에 묻어놓으면 좋겠지만 실제로 그
렇게 할 수 있는 사람은 많지 않다. 그래서 '몸테크'라는 용어가
생겼다. 재건축하는 단지에 들어가 재건축될 때까지 살면서 몸
으로 때운다는 의미다. 실거주와 투자를 동시에 하는 방법이다
보니 꽤 인기가 있다. 이 방법은 현재 들어가는 돈을 줄이고 시간

을 늘리는 방식이다.

몸테크라는 용어가 생기기 한참 전에도 부자 동네에서 한 푼이라도 저렴한 집을 사서 실거주하는 사람들은 많았으니 새로운 투자 방법은 아니다. 하지만 옛날에는 재건축될 줄 모른 채 살았다면 지금은 재건축될 거라는 희망을 안고 들어간다. 일반적으로 재건축 진행 예정인 단지들은 입지가 좋은 곳들이니 재건축이 결정되고 이주할 때까지 10년 이상 걸릴 것 같으면 리모델링해 실거주하는 것도 괜찮다.

시야를 넓히면 다양한 지역에서 재건축이 진행되는 단지가 보일 것이다. 상대적으로 지방은 서울보다 몸테크하겠다는 사람이 적어 재건축 단지의 인기가 대도시보다는 못 하지만 잘 찾아보면 가격이 싸면서 재건축 이슈가 있는 단지들이 꽤 많다. 좋은 소액 투자처가 될 것이다.

재건축 투자 사례

몇 년 전 경매로 나온 부동산을 조사하러 현장에 갔다. 5층짜리 맨션이 밀집된 지역으로, 대부분 1980~1990년대에 지어진 집들이었다. 중개사에게 재건축 진행 여부를 물었더니 재건축 진행 예정인 아파트 단지 하나를 소개해줬다. 재건축 추진 위원회가 설립되기 직전이라고 했다. 그 집은 2016년 당시 매매가가 1억 6,000만 원이었다. 전세가는 3,000~5,000만 원, 월세는 보증금 500만 원에 월 30만 원 선이었다. 집 상태는 매우 나빴다. 재건축 예정이라 외벽 수리도 하지 않아 금방이라도 쓰러질 것 같았다. 당시 그 지역의 집값은 하락 중이었고 인구는 점차 줄고 있었다. 그래도 재건축이 된다면 새 아파트 값을 따라가게 될 테니 사두고 싶었다. 당시의 나는 재건축 단계에 대한 용어도 잘 모르던 초보였던 터라 중개사가 하는 말의 절반밖에 알아듣지 못했다.

1억 원을 대출받고 실투자금은 6,000만 원 정도가 들었다. 대출이자는 월세로 충당하고 있었는데, 집 상태도 지역 경기도 안 좋아 살고 있던 세입자가 나가면 보수해 새로운 세입자를 받을 수 있는 상황이 아니었다. 대출이자를 고스란히 내가 내더라도 재건축 시장을 공부한다는 생각이었다. 그리고 4년이 지난 뒤 다시금 지역 경기가 좋아지고 부동산 가격도 상승세를 탔다. 다른 집을 사기 위해 재건축 예정인 그 집을 매물로 내놓았더니 인기가 좋아 2시간 만에 거래가 성사됐다. 지금은 철거 중이고 몇 년 뒤면 새 아파트가 지어져있을 것이다.

재건축 맨션 투자 내역

(단위 : 원)

매수 내역 (2016년 2월)		대출 내역		월세 임대 내역		매도 내역 (2020년 7월)	
매수가	160,000,000	대출금	100,000,000	보증금	5,000,000	매도가	300,000,000
수리비	1,300,000	월 이자 상환액	250,000	월세금	300,000	시세 차익	140,000,000
부대 비용	2,560,000	월 원금 상환액	238,000				
실투자금				수익률(양도세 제외)			
63,860,000				219%			

    재건축 단지의 장점은 원도심의 입지가 매우 좋은 곳에 위치하고 있다는 것이다. 재개발에 비해 진행 속도도 빠르고 거래도 쉽다. 대신 재개발보다 프리미엄이 훨씬 빠르게 형성되기 때문에 늦게 진입하면 먹을 것이 많이 없다.

재건축 추진 단계

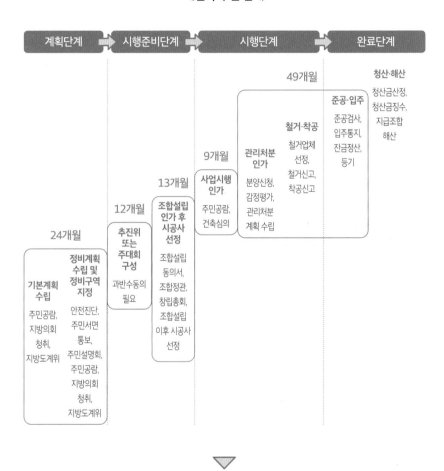

| 계획단계 | 시행준비단계 | 시행단계 | 완료단계 |

24개월

기본계획 수립
주민공람, 지방의회 청취, 지방도계위

정비계획 수립 및 정비구역 지정
안전진단, 주민서면 통보, 주민설명회, 주민공람, 지방의회 청취, 지방도계위

12개월

추진위 또는 주대회 구성
과반수동의 필요

13개월

조합설립 인가 후 시공사 선정
조합설립 동의서, 조합정관, 창립총회, 조합설립 이후 시공사 선정

9개월

사업시행 인가
주민공람, 건축심의

관리처분 인가
분양신청, 감정평가, 관리처분 계획 수립

49개월

철거·착공
철거업체 선정, 철거신고, 착공신고

준공·입주
준공검사, 입주통지, 잔금정산, 등기

청산·해산
청산금산정, 청산금징수, 지급조합 해산

재건축 완료까지 총 8.91년 소요

17

주택이 아닌 것들

정부의 규제로 새로운 방향을 찾아야 할 때

2017년부터 정부는 다주택자들의 주택 취득이 어렵도록 다양한 정책을 내놓았다. 주택을 취득할 때 주택 수에 따라 취득세 중과세를 매겨 3주택 취득 시 주택 취득 금액의 8%를, 4주택 이상 취득 시 12%를 취득세로 내야 한다. 그러다 보니 취득세 중과세를 매기지 않고 상대적으로 규제가 적은 공시가격 1억 원 미만의 주택에 투자하는 사람들이 많아졌다. 그러나 예전에 비해 많은 부동산 투자자들이 앞으로 어떤 방향으로 투자를 해야 할지 고민이 많아졌다.

주택은 의식주에 포함된 항목이라 그동안 취득세 1.1%를 낸 것은 국가가 국민들에게 세금 감면 혜택을 준 것이다. 그래서

4.7%의 세금을 내는 상가나 토지보다 필요경비가 적게 들어 주택 투자를 많이 했다. 부동산 투자는 계속 하고 싶은데, 정부 규제로 길이 막힌 투자자라면 주택 이외의 것으로 시선을 돌려보는 것도 방법이다.

정부가 규제를 하면 한 템포 쉬어가는 것도 전략이다. 정부가 왜 규제를 하겠는가? 가격이 너무 올랐기 때문이다. 그동안 꾸준히 부동산 투자를 했다면 이런 시점에는 쉬었다 가는 것도 좋다. 그러다 부동산 경기가 안 좋아지면 정부는 다시금 규제를 풀 것이고 대출받을 수 있을 때가 온다. 그때까지 기다렸다 다시 시장에 들어가면 된다.

보유한 현금이 많은 상태에서 투자할 곳을 찾는 다주택자라면 주택 이외의 투자처도 많으니 주변을 잘 살펴보라. 많은 사람들이 선호하는 위치의 역세권 오피스텔도 좋은 투자처. 'Part 2- 실전투자 2단계'에서 소개한 월급 받는 부동산이다.

상가나 근린생활시설[20]도 있다. 상가 투자도 잘 해두면 월세 받는 부동산으로 가지고 있다 시세 차익까지 두둑이 챙길 수 있는 투자처다. 주택을 사면 12%(4주택 이상 취득 시)의 취득세를 내야 하지만 상가를 사면 4.7%의 취득세를 내면 되니 상대적으로 세금이 적다. 게다가 코로나19로 인해 목이 좋은데도 불구하고 문을

....

20 주택가와 인접해 주민들의 생활에 편의를 줄 수 있는 시설물이다.

닫은 곳이 꽤 많다. 평소라면 공실로 나오지 않을 상가가 권리금도 없이 나오는 경우가 있으니 상가 투자도 도전해보길 추천한다. 토지 역시 상가와 마찬가지로 4.7%의 취득세를 내므로 토지에 투자해도 좋다. 개발 예정지에 투자해 100배 이상의 수익을 내는 사람도 있다. 하지만 어느 것에 투자하든 공부는 필수다.

몇억씩 하는 부동산을 순간적으로 판단하지 말라. 본인 돈을 쓰는데, 무관심해서는 안 된다. 잘 모르면 배워야 한다. 왜 본인에게 이 부동산이 필요한지, 다른 대체재는 없는지, 손해가 나면 어떻게 할 것인지 충분히 고민해보고 그럼에도 사고 싶은 부동산이라면 사도 된다.

인센티브 받는 부동산에 투자하는 사람들은 투자처를 고를 때 여유가 있어야 한다. 돈과 시간에 대한 여유다. 꼭 이것이 아니어도 세상에는 많은 부동산이 있으니 본인이 남들보다 더 잘 활용할 수 있는 부동산을 골라 투자해야 한다.

부동산 관련 뉴스나 기사를 몇 년간 꾸준히 보며 공부하다 보면 정부 정책에 따라 어떻게 본인의 자산 포트폴리오를 변경해야 할지 보이기 시작한다. 상황에 따라 자산을 재분배하거나 처분하기도 하고 새로운 투자처를 찾기도 한다. 마인드의 차이가 곧 빈부 격차다. 부동산에 항상 관심을 갖고 있으면 예상하지 못했던 기회가 찾아올 것이다. 앞으로의 길이 보이기 시작할 때가 비로소 고수의 반열에 들어선 때다.

부동산은 파는 것이 아니라 모으는 것이다

부동산과 연애하라

아파트를 팔아 땅을 치고 후회했던 C씨의 사례를 살펴보자. 60대 C씨는 30년간 집값이 꿈쩍도 하지 않아 아파트는 돈이 안 된다고 생각했다. 자녀들을 이 집에서 키웠고 잘 자라 모두 독립 했으니 이제 본인도 노후에는 여윳돈을 쓰며 편히 살고 싶었다. 그러던 중 부동산 중개 사무소에서 최근에 집값이 많이 올랐으 니 팔라는 말에 덜컥 집을 팔아버렸다. 자녀들도 모두 독립했으 니 이 집보다 조금 작은 평수에 비슷한 수준의 집으로 이사하면 남은 차액으로 편히 살 수 있을 것 같았다. 그런데 C씨가 집을 판 뒤 그 집은 계속해서 가격이 올랐다. 후에 C씨는 그 집을 팔아버 린 것을 땅을 치고 후회했다.

부동산은 파는 것이 아니라 모으는 것이다. 여러 번 이사를 하면서 내가 몸소 느낀 점이다. 살던 집을 전세 놓을 수 있다면 본인이 가지고 있는 돈에 전세 보증금을 합쳐 다음 이사할 집을 살 수 있다. 지금은 다주택자라면 취득세 중과세가 되지만 예전에는 주택 수에 상관없이 가능했다. 부동산 경기가 나빠지면 정부는 다시금 세금 완화 정책을 실시할 테니 잘 공부해뒀다 기회가 왔을 때 잡아야 한다. 살고 있는 집을 팔지 말고 새로운 집을 사서 이사하는 방법이 있다는 것 정도는 꼭 기억해두자.

그럼 가지고 있는 부동산은 언제 파는 게 좋을까? 더 좋은 부동산을 사려고 하는데, 돈이 부족할 때 팔면 된다. 1~2주택자가 집을 모두 팔아 '뭉친' 돈, 즉 합쳐진 돈으로 새 집을 사서 이사하는 것은 중과세 대상도 아니며 한 채는 양도세 비과세 혜택도 받을 수 있다. 다만 1주택자가 양도세 비과세 혜택을 받는 것은 절세 효과는 있지만 자산 규모가 줄어드니 가격이 많이 오르지 않을 집의 양도세 비과세 혜택에 목숨 걸지는 말자. 양도세는 시세 차익이 큰 집을 팔았을 때 내는 세금이다. 안 팔면 양도세는 내지 않는다.

그런데 막상 시세 차익용 부동산을 팔고 나면 생각보다 돈이 많이 남지 않는다. 중개 수수료도 내야 하고, 대출금도 갚아야 하고, 세금도 내야 한다. 그리고 팔아버린 부동산을 대체할 다른 부동산을 사야 한다면 결국 돈이 더 필요하다. 주식투자도 마찬가지이지만 단기간에 조금 남기고 사고팔고를 반복하면 수수료만 많이 나간다. 부동산은 진득하게 오래 가지고 있는 사람이 승자다. 살 수 있는 부동산을 팔지 않고 모으다 보면 자산이 눈덩이처럼 불어나있는 마술을 경험할 것이다.

주가와 집값은 계속해서 움직인다. 3년 전 가격이 다르고, 1년 전 가격이 다르고, 어제 가격이 다르고, 오늘 가격이 다르다. 그러니 주식과 집은 장에 따라서, 시점에 따라서, 팔아도 후회하고 안 팔아도 후회한다. 주변 사람들의 말에 크게 휘둘리지 말고 본인의 필요에 의해 본인의 생각대로 움직여야 후회도 적다. 본인 자산이기에 중개사들보다 본인이 더 전문가가 돼야 한다.

부동산과 하는 연애는 사람과 하는 연애와 다르다. 태어나서 죽을 때까지 한 집과 사랑에 빠진 사람들도 많다. 하지만 부동산과 연애하는 사람들 중에는 바람둥이가 많다. 환승을 잘 하는 사람이 한 집만 사랑하는 사람보다 부자가 될 가능성이 높다. 양다리를 잘 걸치는 사람이 더 많이 더 빨리 자산을 불릴 가능성이 높다. 물론 환승이나 양다리를 걸친 사람들을 바라보는 주변의 시선은 곱지 않을 수 있다.

연애할 때 한쪽이 상대방을 귀찮아하기 시작하면 그 연애는 곧 권태기가 오고 이어서 헤어짐이 찾아온다. 연애를 잘 하려면 애정을 듬뿍 주고 데이트도 자주 해야 한다. 물론 데이트 비용은 든다. 하지만 연애 그 자체가 즐겁고 관계가 잘 이어져 결혼까지 한다면 인생의 동반자가 생긴다. 부동산과 잘 연애하다 너무 힘들 때, 돈이 꼭 필요할 때, 더 좋은 집으로 이사할 때 그때 팔면 된다. 부동산은 버리지 않는 한 내 곁에 언제나 머물러있다.

 Part 3

부동산 부자로 만들어준 습관들

수입과 지출의 줄다리기

2021년 통계청에서 만든 재미있는 자료 하나를 소개하겠다. 국민 전체의 연령별 소비와 노동소득에 대한 정보를 활용해 경제활동에 대한 흑자와 적자 구조를 연령별로 파악했다. 우리나라 국민은 17세에 노동소득보다 소비가 많은 인생 최대 적자를 맞는다. 그리고 28세부터 흑자로 전환돼 41세에 정점을 찍은 뒤 60세부터 다시 적자로 돌아선다.

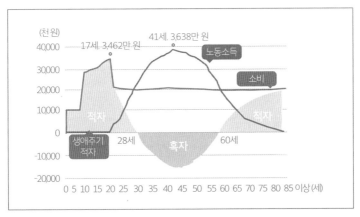

1인당 생애주기적자

출처 : 통계청

막연히 노후를 준비해야 한다고 생각은 했지만 통계자료로 보니 노후 준비의 필요성이 더욱 절실하게 느껴진다. 20세 이전의 적자는 흑자 상태인 부모가 책임진다면 60세 이후의 적자는 누가 책임질 것인가? 기업은 이윤을 추구하는 집단이기에 적자 상태를 유지하면서 경영할 수 없다. 사람도 적자 상태를 유지하면서 살기는 힘들다. 기대 수명은 늘어나는데, 소득은 줄어든다. 나이가 들어 빨리 죽길 바라고 싶지 않다면 60세가 넘어도 흑자 상태를 유지해야 한다.

그렇다면 적자에서 흑자로 전환하려면 어떻게 해야 할까? 기업의 목표는 하나다. 영업이익이 나는 흑자 기업이 돼야 한다. 흑자 경영을 하기 위해서는 수익을 늘리고 비용을 줄여야 한다. 우리도 기업처럼 흑자가 나도록, 돈 걱정하지 않는 삶을 살 수 있도록 노력이 필요하다.

첫 번째, 수입을 늘려라

중세-근대 유럽에서는 전쟁을 통해 적국의 물자를 빼앗는 것을 합리적인 이익으로 생각했다. 국가는 다른 나라의 영토를 빼앗기 위해 전쟁을 한다. 영토가 늘어나면 세금을 낼 수 있는 국민이 늘어나고 새로 확보한 영토에서 물자를 더 많이 생산할 수 있다. 국가는 영토를 빼앗기 위해 병력을 모아 화력에 집중한다. 창을 날카롭게 만들고 치밀하게 전략을 세운다. 그리고 공격을 실행한다.

개인의 삶도 마찬가지다. 본인이 좀 더 편히 살고 싶다면 수입을 늘려야 한다. 노동으로 얻는 소득 이외의 새로운 소득을 창출해야 한다. 처음 노동소득으로 흑자를 낸 뒤 남은 순수익이 종잣돈이다. 이 종잣돈은 인플레이션 방어를 위해 현금 자산보다 부동산 자산으로 축적해두는 것이 좋다. 본인의 영토가 늘어나면 그곳에서 수익이 나고 그 수익을 모아 다시 자산으로 축적한다. 이렇게 부지런히 노동소득 이외의 새로운 소득을 창출하고자 노력한 사람은 전쟁에서 승리해 더 넓은 영토를 가지게 된다. 이것이 부동산 수익이든 사업 수익이든 수단과 방법은 다양하다. 나도 이것에 집중해 월급 받는 부동산과 인센티브 받는 부동산을 만들었다.

두 번째, 지출을 줄여라

수입을 늘리는 것이 전쟁에서 공격이라면 지출을 줄이는 것은 수비다. 공격을 잘 해서 수입이 늘어나도 방어를 못 해 병사들이 죽어버리면 지출이 커진다. 지출이 큰 상태에서는 아주 작은 공격만 받아도 모든 것을 잃어버릴 수 있다. 지출을 줄이기 위해서는 방패를 단단하게 만들고 영토 규모에 맞는 새로운 수비 전략을 세워야 한다.

혹자 삶을 위해 본인은 방어를 잘 하고 있다고 생각하는가? 수입이 적으면 지출 관리도 쉽다. 그러다 공격에 화력을 집중하면서 점차 수입이 늘어나고 늘어난 수입을 관리하다 보면 지출도 점차 복잡해진다. 늘어난 수입을 유지하기 위해 필요한 경비가 늘어나기 때문이다. 주기적으로 나의 수비 전선을 들여다보고 점검하자. 어느 정도의 자산이 축적되면 예상치 못한 지출이 발생한다. 종합소득세도 늘어나고 종부세도 납부해야 한다. 건물 수리비가 발생할 수도 있다. 이런 때를 대비하지 않으면 적자 경영이 돼버리므로 지출 관리를 잘 해야 한다. 예비비 항목을 만들어 얼마간의 비상금을 모아두는 것이 좋다.

수입과 지출을 관리하는 가장 쉬운 방법은 가계부를 쓰는 것이다. 나는 보유 부동산별로 엑셀 파일을 만들어 수입과 지출을 별도로 관리하고 있다.

수입과 지출의 줄다리기

수입을 늘리고 지출을 줄이는 것, 이 두 가지 중 무엇이 더 중요하냐고 묻는다면 당연히 수입이다. 지출을 줄이라고 해서 자린고비가 되라는 말이 아니다. 지출은 필요하지 않은 것들로 인해 돈이 새어나가지 않도록 문단속하는 정도면 된다.

수입과 지출의 팽팽한 줄다리기에서 수입이 이기면 부자가 되고 지출이 이기면 신용불량자가 된다. 줄다리기에서 수입이 이길 수 있도록 온 노력을 다해야 한다. 지출은 가만히 있어도 찾아오고 인간의 욕심을 먹으며 스스로 힘을 키운다. 하지만 수입은 절대 스스로 힘이 키워지지 않는다. 따라서 수입을 늘리는

데 90%의 에너지를 쓰고 나머지 10%는 지출을 줄이는 데 써야한다.

지금 이 돈을 쓰면 미래 본인의 수입에 도움이 되는지 스스로에게 물어보고 도움이 된다면 과감하게 투자해야 한다. 수입에 도움이 되는 행위를 아까워하면 안 된다. 대신 지출을 해야 한다면 그것을 활용해 수익을 낼 수 있는지 스스로에게 물어본다. 예를 들어 3,000만 원짜리 자동차를 활용해 순수익 3억 원을 벌 수 있고 그 방법을 알고 있다. 그렇다면 1,000만 원짜리 자동차로는 3억 원을 벌 수 없는지 스스로에게 물어본다. 부동산에 비유하면 1억 원짜리 집을 활용해 3억 원을 만들 수 있고 방법을 알고 있다면 그 집을 사면 된다. 그리고 1,000만 원으로 집을 수리해 3,000만 원을 더 받을 수 있다면 수리하면 된다.

수입과 지출은 우리의 일상에서 매일 팽팽한 줄다리기를 하며 여러분의 결정을 기다리고 있다.

02

부동산 정보를 담을 수 있는 그릇

나는 부동산 공부를 처음 시작할 때 모르는 용어가 많아 관련 뉴스나 기사를 읽어도 도무지 무슨 말인지 이해하지 못했다. 직장 생활을 처음 시작할 때 회사에서 사용하는 용어들이 익숙하지 않아 상사의 말을 알아듣지 못하는 것과 같았다. 등기부등본이 뭔지, 표제부는 뭔지, 근저당은 뭔지, 인도명령은 또 뭔지…. 그러다 3개월 정도가 지나니 사전을 찾아보지 않아도 자연스레 이해할 수 있는 수준이 됐다.

특히 재개발이나 재건축 상담을 하다 보면 새로운 용어가 많아 어렵게 느낄 수 있다. 실전에 뛰어들기 전 철저히 준비하고 대비하는 것만이 투자의 불확실성을 해소해주는 최고의 비법이다. 인풋이 있어야 아웃풋이 있다. 노력하지 않고 처음부터 잘하는 사람은 없다.

첫 번째, 경제 신문 읽기

요즘은 포털사이트에서 본인이 원하는 경제 신문사의 기사를 무료로 보거나 구독도 가능하다. 휴대전화에 설정만 해두면 무궁무진한 정보가 무료로 쌓이는데, 여러분은 그 정보들을 얼마나 자주 접하며 얼마나 이해할 수 있는가?

부동산과 경제 관련 기사는 끝까지 꼼꼼히 읽어보자. 그리고 주제별, 지역별로 분류해 스크랩해두는 것이 좋다. 주제별로 모아둔 기사를 보면 시장의 트렌드를 파악할 수 있고 지역별로 모아둔 기사를 보면 해당 지역에 투자할 때 유용하게 활용할 수 있다. 또한 스크랩한 기사들은 간단하게 요약하고 모르는 용어는 찾아서 정리한 뒤 본인의 인사이트나 질문을 적어 마무리한다. 이런 과정을 반복하다 보면 관련 주제에 대한 지식이 내 머릿속에 차곡차곡 쌓이게 된다.

뉴스는 정보의 집합체다. 시시각각으로 변하는 세계의 정세와 경제의 흐름을 접할 수 있다. 최신 정보를 전문가 견해까지 곁들여 가장 빠르게 전달해주는 것이 뉴스다. 부동산은 다양한 경제 요소와 밀접한 연관이 있으므로 경제 신문을 꾸준히 읽기를 추천한다. 우리는 정보화 시대에 살고 있다. 부동산 관련 법도 하루가 다르게 바뀐다. 바뀐 정보를 민첩하게 따라가지 못하면 뒤처지는 세상이다.

두 번째, 재테크 책 읽기

나는 부동산 투자 관련 책을 기본으로 읽고 경제, 금융, 투자, 부자 마인드, 시간 관리 등 자기계발 분야의 책들을 주로 읽는다. 책 전체를 정독하지 않아도 괜찮다. 매일 조금씩이라도 읽으려는 노력이 중요하다. 순서와 관계없이 책의 차례를 보고 필요한 정보 위주로 골라서 읽는다.

다양한 분야의 고수들이 쓴 책을 읽고 자기화시키는 것. 단순히 읽고 기억하는 것에서 끝나지 않고 내용을 요약하고 적용할 부분을 찾아 단 한 가지라도 체득한다면 수 시간을 들여 정독하는 것 못지않게 효과를 볼 수 있다. 나아가 꾸준한 자기계발에도 도움이 된다. 고수를 만나 조언을 얻을 수 있는 기회는 많지 않지만 100명의 고수가 쓴 100권의 책을 보고 비법을 한 가지씩만 체득해도 100명의 고수에게 노하우를 전수받는 것과 같다. 100권이 부담스럽다면 한 달 동안 1명의 고수가 쓴 책의 내용 중 한 가지만 적용해도 1년이면 12가지의 노하우를 전수받은 것이나 마찬가지다. 그들이 평생 연구한 노하우를 하나씩 하나씩 본인 것으로 만들다 보면 3년이면 36가지의 습관이 생긴다. 그리고 시행착오 끝에 기본기 10가지를 장착하고 변형과 응용을 통해 본인만의 노하우를 한두 가지씩 만들다 보면 어느새 고수가 돼있는 여러분을 발견하게 될 것이다.

세 번째, 부동산 관련 강의 듣기

부동산 관련 세미나나 강의가 많다. 괜찮은 강의는 고가의 수강료를 지불해야 하지만 가장 현명하고 정확한 커리큘럼을 제공한다. 나도 부동산 투자 초창기에는 회사를 다니며 고액의 수강료를 지불하고 강의를 들었다. 잘 배워서 하나의 부동산에만 잘 투자해도 고액의 수강료를 지불하고도 남았다.

수익을 창출할 수 있는 지출이라면 두려워 말고 투자해야 한다. 하지만 같은 강의를 듣고도 돈을 잃는 사람이 있고 돈을 버는 사람이 있다. 여러 투자 방향을 듣고 내가 가장 잘할 수 있는 분야를 골라 발전하는 사람이 돼야 한다. 한 번에 큰 수익을 원하면 현재 실력은 초보자이지만 고수도 이익을 내기 어려운 리스크가 큰 투자처를 고르게 된다. 난도가 높은 투자처는 실력이 없는 상태에서 발을 들여놓으면 해결 능력이 부족해 이길 수 있는 싸움에서도 지게 된다. 작은 것부터 차근차근 실력을 쌓아야 한다.

네 번째, 맛집 말고 '멋진' 부동산 중개사와 친해지기

지역에 위치한 부동산 중개 사무소는 해당 지역의 부동산 정보가 가장 먼저 들어오는 곳이다. 단골 중개 사무소를 만들어 중개사와 꾸준히 소통하며 친분을 쌓는다면 해당 지역의 부동산 정보를 누구보다 빠르고 정확하게 알 수 있다.

부동산을 사려는 사람들은 인터넷으로 먼저 정보를 검색하지만 부동산을 가진 사람들은 중개 사무소에 들러 정보를 확인한다. 부동산 부자들의 공통적인 특징 중 하나는 단골 중개 사무소를 주기적으로 방문해 정보를 공유한다는 것이다. 중개사들과 자주 소통하다 보면 아무나 들을 수 없는 귀한 정보를 커피 한 잔과 함께 즐겁게 수다를 떨면서 얻을 수 있는 기회가 생긴다. 경제 신문과 부동산 관련 책을 꾸준히 봐왔다면 그들이 하는 이야기를 듣고 인사이트가 생기기도 하고 지나가는 농담 속에서 중요한 정보를 발견할 수도 있다.

다섯 번째, 온라인 커뮤니티 활동하기

다양한 부동산 관련 온라인 카페들이 있다. 특히 지역별 부동산 카페가 활성화돼있는데, 지역 관련 정보를 검색하다 보면 해당 카페의 글이 자주 보일 것이다. 정보를 수집하는 능력 역시 기본적으로 필요하다. 인터넷에 올라오는—검증되지 않은—개인이 작성하는 글은 해당 지역의 최신 정보가 반영되는 대신 한쪽으로 치우칠 수 있다. 경제 신문을 꾸준히 읽어 정보를 거를 수 있는 능력이 있다면 온라인 카페는 가장 빠르게 다양한 정보를 습득할 수 있는 곳이다. 하지만 그렇지 않다면 한쪽으로 기울어진 정보를 받아들일 수 있으니 정보를 거를 수 있는 능력을 기른 뒤 습득하는 것이 좋다. 그래도 가장 빠르게 부동산 관련 정보를 얻을 수 있고 재미있는 글들도 많이 올라오니 부동산 투자에 흥미를 가지기에 좋은 방법이다.

이 다섯 가지를 딱 1년만 실천하면 부동산과 관련된 대부분의 최신 정보를 습득할 수 있다. 나아가 정부의 과거 부동산 정책까지 관심 있게 살펴보다 보면 10년 동안 부동산 시장의 변화가 보인다. 시장의 트렌드를 꾸준히 살피며 본인만의 해석을 하는 연습을 해보자.

역지사지

역지사지 : 처지를 바꾸어 생각하다

나는 관심 있는 부동산이 생기면 주변의 여러 부동산 중개 사무소에 전화해 집을 사는 사람인 척, 집을 파는 사람인 척, 전세를 구하는 사람인 척, 월세를 구하는 사람인 척하며 입장을 바꿔 문의를 한다. 그럼 중개사마다 부르는 가격도 조금씩 다르고 볼 수 있는 집들도 다양해진다. 예를 들어 집을 사려고 할 때 시장에 나온 매물 수가 적으면 선택의 폭이 좁아진다. 그러면 비슷한 수준의 전세 매물을 참고한다. 전세 매물을 둘러보며 매매로 나온 집들 중 어느 것을 사는 게 나을지 힌트를 얻는다.

부동산 계약은 여러 사람의 입장이 얽힌 계약이다. 제 3자로서 각자의 입장을 헤아려 일을 처리해줄 중개사가 필요하다. 현장에서 정확한 정보를 파악하기 위해서는 여러 사람의 입장이 돼 봐야 한다.

부동산 계약을 할 때는 다음의 사람들이 필요하다.

- 매매 계약 시 : 매도인 - 중개인 - 매수인
- 임대차 계약 시 : 임대인 - 중개인 - 임차인

먼저 중개사의 입장이 돼보자. 중개사들은 고객에 따라 왜 다른 정보를 제공할까? 중개사는 매도인에게는 매물을 저렴하게 받길 원한다. 그래야 매수인을 찾아 계약을 성사시키기 쉽기 때문이다. 집을 내놓고자 중개 사무소에 시세를 문의하면 '가장 저렴한 가격부터 평균 가격'을 말해준다. 인터넷에서 본 가장 높은 가격을 말하면 그 가격에는 거래가 잘 되지 않는다고 말한다. 맞는 말이다. 반대로 매수인이 집을 사고자 중개 사무소에 시세를 문의하면 '가장 비싼 가격부터 평균 가격'을 말해준다. 평균 가격이나 그보다 가격이 낮은 집을 보여줬을 때 저렴하다고 느껴 거래가 성사되기 때문이다.

임대차 계약도 마찬가지다. 중개사들은 임대인에게는 가격을 낮춰 말하는 경향이 있고 임차인에게는 가격을 올려 말하는 경향이 있다. 그렇기에 거래 가능한 부동산들의 상태를 파악해 본인의 집과 비교해보고 가격을 높여도 경쟁력이 있는지 파악해야 한다. 여기서 파악해야 하는 것은 부동산을 팔거나 임대할 때는 거래가 성사될 만한 가장 높은 가격을 찾는 것이고 부동산을 사거나 임차할 때는 가장 저렴하면서 좋은 집을 찾는 것이다. 이는 중개사가 제공하는 정보와 반대된다. 따라서 여러 사람의 입장이 돼 중개사에게 궁금한 점을 물어보면 객관적으로 볼 수 있는 눈이 생긴다.

한번은 경매로 나온 부동산을 조사하러 간 적이 있었다. 경매로 나온 집은 내부를 확인하기 어려워 인근 중개 사무소를 방문해 집을 사고 싶다고 말하고 매물을 보여달라고 했다. 그랬더니 경매로 나온 집을 보여주는 것이 아닌가! 그 집은 시세보다 싸게 매물로 나왔지만 집 내부는 강아지가 긁어놓았는지 엉망이었다. 그래서 일반 매매로는 거래가 되지 않아 경매로 나온 것이다. 다행히 집 내부를 다 확인할 수 있어서 정보 수집이 쉬웠다. 그리고 또 다른 중개 사무소를 방문해 전세를 구하는 척하니 경매로 나온 집과 같은 건물에 있는 방향이 다른 집을 보여줬다. 방향에 따라 전세가 차이가 얼마나 나는지 확인하고 수리하면 다른 전세 매물보다 더 높은 전세가를 받을 수 있을 것 같았다.

역지사지로 입장을 바꿔 자료를 조사하면 더 많은 정보를 얻을 수 있다.

더블체크를 하면서 위험요소를 피해라

"1억에 3채", "10년 전 가격, 평당 700만 원대" 등의 문구가 적힌 현수막을 본 적 있는가? 부동산 가격이 급상승하면서 이런 현수막들이 많이 사라졌었는데, 다시금 간간히 모습을 드러내고 있다. 이런 현수막들을 보고 혹하는 마음이 생겼다면 왜 시세에 맞지 않게 싸게 파는지 의심해봐야 한다.

나는 부동산 업종에서 호객 행위를 하는 곳은 잘 가지 않는다. 전 세계에서 그 주소에 그 부동산은 단 하나밖에 없는데, 사려는 사람이 없으니 광고를 하고 호객 행위를 하는 것이다. 부동산 시장이 활황일 때는 일반 아파트 분양 사무소는 1주일이면 모델하우스 구경하는 시간이 끝나고 2주일이면 계약이 끝난다. 이후에는 계약자들을 위해 문을 열어둔다. 그런데 1년 이상 모델하우스가 열려 있어 항시 구경과 계약이 가능하다면 인기가 없다는 의미다. 또한 반대로 생각하면 내가 이 부동산을 팔 때 멋들어진 분양 사무소를 차려놓고 적극적으로 광고해도 매수인을 찾기가 어려울 수 있다는 의미다.

분양 사무소를 방문하면 필히 지역주택조합[21]인지 확인해야 한다. 지역주택조합이라고 깨알같이 적힌 문구를 발견했다면 발도 들이지 말라. 공공 재개발은 5년, 민간 재개발은 10년, 지역 주택조합은 평생이라는 말이 있다. 지역주택조합 사업이 실제로 착공까지 이어지기가 매우 어렵다는 의미다. 내 집 마련의 꿈을 포기하지 못한 사람들에게는 상대적으로 저렴한 분양 광고는 유혹거리가 될 수밖에 없다. 물론 빠른 시간 안에 착공한 사례들도 있지만 확률적으로 적다는 것이다. 더 나은 선택지가 많은데, 덜컥 계약해놓고 마음고생하며 시간을 허비하지 않길 바란다.

호텔 분양도 마찬가지다. 분양할 때는 수익금 분배를 확실히 해준다고 해놓고 나중에 갖은 핑계를 대며 수익금이 안 들어오는 경우가 허다하다. 투자자들은 호텔 운영에 직접 개입하기 힘들고 관리 감독도 어렵다. 이런 소소한 문제가 발생할 소지가 다분한데, 더 큰 문제인 투자금 회수는 원활히 할 수 있을까? 계약

....

21 동일 지역 범위(시. 도)에 거주하는 주민이 주택 및 아파트를 건설하기 위해 조합을 설립한 뒤 사업의 주체가 돼 토지를 매입하고 그 조합원들은 싼값에 아파트를 분양받을 수 있는 아파트 건설 방식이다. 해당 지역 주택 및 토지 소유자로 이뤄진 재개발. 재건축과는 다르다. 입주까지 제대로 진행되는 경우는 2004~2021년까지 17년 동안 전국의 전체 지역주택조합 중 17% 정도다.

하기 전 출구 전략을 미리 짜둬야 한다. 덜컥 계약부터 해놓고 나중에 알아보는 사람들이 생각보다 많다.

개발 계획이 있는 땅에 투자하는 수법인 기획부동산[22]도 조심해야 한다. 전화나 문자로 좋은 땅이 있다고, 투자해놓으면 높은 수익을 얻을 수 있다고 광고하는 경우가 있다. 개발 예정이라고 그럴싸하게 설명하는데, 듣고 있으면 진짜 좋아 보인다. 돈이 부족하면 소액으로 토지를 살 수 있는 방법도 있다고 알려준다. 주변 시세보다 저렴하기 때문에 투자해뒀다 곧 시세 차익을 거둘 수 있다고 꼬드긴다. 그런 전화를 받으면 그렇게 좋은 땅이 왜 지금까지 안 팔리고 돌고 돌아 나한테까지 왔는지 의심해봐야 한다. 소액으로 토지를 살 수 있는 방법은 여러 사람들의 지분을 모아 사는 것이다. 등기부등본에 본인의 이름이 올라가기 때문에 살 때는 의심하지 않지만 팔려고 하면 얼굴도 모르는 몇십 명이나 되는 사람들의 동의를 구해야 한다. 그 일을 과연 누가 해야 할까? 계약자들 중 할 줄 아는 사람이 한 명이라도 있을까?

위에서 소개한 사례들을 적어도 한두 번은 접해봤을 것이다. 이외에도 다양한 수법의 함정이 주위에 도사리고 있다. 돈을 쉽게 버는 방법은 없다. 본인에게 왜 수익을 나눠주는 것인지, 본

....

22 부동산을 이용해 마치 경제적인 이득을 많이 얻을 수 있는 것처럼 조작해 투자자들로부터 부당한 이득을 취하는 중개 업자나 업체를 말한다.

인이 부담해야 하는 리스크는 무엇인지, 리스크가 있다면 감당할 수 있는지 충분히 검토한 뒤 결정해도 늦지 않다. 그럼에도 거절하기 어려워 계약부터 하는 사람들이 있다. 물론 그중에 잘 풀리는 사례들도 있지만 적어도 본 책을 읽는 독자라면 피땀 흘려 번 돈을 성공 확률이 낮은 곳에 도박처럼 계약하지 않으면 좋겠다.

부동산은 절대 충동적으로 계약하거나 거래를 성사시키면 안 된다. 항상 가족들과 의논한 뒤 연락하겠다고 말하고 다음에 소개하는 항목들을 재차 확인하는 습관을 길러야 한다.

□ 설명을 들은 내용이 사실인가? (중개사 또는 인터넷에서 확인하기)

□ 상대측에서 계약 조건대로 이행하지 않을 시 어떻게 대응해야 하는가?

□ 현재 상태에서 구입할 사람이 있는가? (처분이 가능한가?)

□ 이것보다 더 확실한 투자처는 없는가?

□ 비슷한 다른 사례를 찾아 장점과 단점 확인하기

불확실성에 대한 두려움을 깨라

적게는 몇백만 원에서 많게는 몇억 원까지, 전 재산일 수 있는
돈으로 투자를 결정하는 것은 결코 쉬운 일이 아니다. 매매가가
10억 원이 오른 집을 보면서 '5년 전에 투자해둘걸…'이라는 후회
는 많은 사람들이 한다. 하지만 우리는 미래를 볼 수 없기에 5년
전으로 돌아가도 여전히 투자하지 못했을 것이다. 왜일까? 불확
실하기 때문이다. 영화나 드라마에서처럼 미래의 누군가한테서
전화가 와 "5년 뒤 ○○아파트가 10억이 오를 거야. 그러니 땡빚
을 내서라도 지금 사둬"라고 말하면 여러분은 과연 그 아파트를
살 수 있을까? 대부분이 보이스피싱이라 생각하고 무시할 것이
다. 확실히 알려줘도 투자하지 말아야 할 이유가 너무나도 많다.
'빚을 내 투자했다 안 오르면 이자는 어떻게 감당해?', '지진이
일어나 아파트가 무너지면 어떡해?', '아파트가 오래돼 수리비가

더 나오는 거 아냐?', '세입자가 자주 바뀌면 머리 아플 것 같은데…', '그 동네는 분위기가 별로 안 좋아' 등등등. 수많은 이유를 들먹이며 사지 않는다. 그 아파트를 꼭 사야 하는 이유는 딱히 없기에 투자를 결정하지 못한다.

불확실성, 판단 또는 의사 결정에 필요한 적절한 정보가 부족한 상태다. 언제든 바뀔 수 있는 미래에 대한 정보는 의사 결정에 있어 불확실성을 증대시킨다. 원하는 결론에 도달하기 위해 필요한 모든 사실들을 아는 것은 불가능에 가깝다. 202쪽에서 다룬 정보를 파악하는 것조차 어렵다. 당장 다음 달에 발표될 부동산 관련 정책도 알 수 없으니 말이다. 발표된 정책이 시행될지 안 될지도 확실하지 않다. 하지만 정보를 많이 수집하고 연구하다 보면 불확실성을 줄여나갈 수 있다. 물론 줄일 뿐이지 100% 확실한 것은 아니다. 어떠한 사실이나 지식에 대한 확실성이 100%인 경우는 드물다. 필연적으로 불확실성을 내포하고 있다.

투자자들은 본인의 투자처에 많은 노력과 정성을 쏟는다. 그리고 낙관적으로 생각한다. 알아볼 만큼 알아보고 노력했으니 긍정적이고 자신감을 갖는 것은 당연하다. 예상되는 리스크가 있다면 어떻게 극복할지 시나리오도 이미 갖고 있다. 만약 예상 밖의 리스크가 발생한다면? 그건 그때 가서 고민하기로 하고 투자를 결정한다. 교통사고 날 것이 두려워 운전을 못 하는 사람이 되지는 말자.

나도 초보 투자자일 때 '이 낡은 빌라가 팔릴까?'라는 의문이 있었다. 그래서 부동산 중개 사무소를 찾아가 물어봤다. 중개사는 그 옆집도, 윗집도 거래가 됐다고 했다. 기존 거래 사례들을 들려주며 집은 다 임자가 있는 법이라고 했다. '팔릴까?'라는 의문은 정보 부족에서 오는 불확실성 때문에 생긴다. '1층이 팔릴까?', '북향이 팔릴까?', '지하가 팔릴까?'라는 의문도 같은 맥락이다. 누군가는 하지 않지만 다른 누군가는 그 집을 거래한다. 돈이 충분한 사람들은 더 좋은 집을 사겠지만 단점을 극복할 정도의 저렴한 가격 등의 장점이 있다면 그 집을 원하는 사람은 분명 있다. 이런 집들이 어떻게 거래되는지 알아보다 보면 본인이 사서 팔 때는 어떻게 팔면 될지 보이기 시작한다.

사지 말아야 할 이유가 있다면 리스트로 정리해보고 어떻게 극복할지 해결 방법을 찾아보자. 아파트가 낡아서 수리비가 들수 있다? 그럼 어디가 고장이 자주 나는지 알아보고 수리비를 미리 계산해보면 된다. 집이 낡아 몇백만 원 깎아서 샀다면 비용을 절약한 것이니 고장이 안 나면 돈을 버는 셈이고 고장이 나면 깎은 돈으로 수리비를 대신하면 된다. 해결할 수 있는 것은 해결하고 불확실한 것은 남겨둬라. 사야 할 이유 역시 리스트로 정리하다 보면 그 집을 꼭 사야 할 것 같은 생각이 들 때가 있다. 그때 사면 된다. 투자자는 사야 할 이유에 더 집중한다. 사려고 마음먹으면 못 살 이유가 없다.

 **Part 4**

부동산 재테크 노하우

돈이 지나가는 길목을 경험해라

한 끼에 10만 원 하는 레스토랑의 비결

돈을 써야 돈을 벌 수 있다는 말이 있다. 1인당 코스 요리 한 끼에 10만 원 하는 인기 레스토랑이 있다. 비싼 가격에도 불구하고 레스토랑을 찾는 사람들이 많다. 특별한 날 특별한 곳에서 특별한 음식을 대접받고 싶은 마음은 누구나 비슷할 것이다. 인기 레스토랑의 10만 원짜리 코스 요리에는 어떤 것들이 제공되는지, 사람들은 무엇을 위해 한 끼에 10만 원이나 하는 레스토랑을 찾는지, 하루에 이 레스토랑을 찾는 사람은 얼마나 되는지 등의 정보를 읽어내려면 직접 경험해봐야 알 수 있다.

인기 레스토랑의 10만 원짜리 음식이 일반 음식점의 1만 원짜리 음식보다 10배 맛있는 것은 아니다. 하지만 인테리어나 분위기가 특별하고 경치가 좋은 곳에 위치해있으며 거기다 음식까지 맛있다면 한 끼에 10만 원을 지불해도 아깝지 않다. 특별한 날 특별한 사람들과 방문했을 때 기억에 남을 만한 레스토랑인 것이다. 음식의 단가를 올리는 힘은 공간에서 비롯된다. 돈을 써봐야 사람들의 지갑이 어떻게 열리는지 배울 수 있다.

월세를 2,000만 원씩 내면서 왜 그곳에 사는 걸까?

본인은 구축 아파트에 살면서 본인이 소유한 신축 아파트는 임대하는 사람들이 있다. 신축 아파트의 잔금으로 지급할 돈이 부족하거나 대출받기를 싫어하는 사람들일 가능성이 높다. 아니면 돈도 많고 집도 많아서 임대하는 사람들일 수도 있다. 이유가 무엇이든 부동산 투자를 하면서 내가 느낀 점은 보유와 거주를 반드시 같은 집에서 할 필요가 없다는 사실이다. 보유로 경험하든 거주로 경험하든, 경험을 통해 사람들이 왜 신축 아파트에 열광하는지 느끼면 된다. 재개발과 재건축 아파트에 프리미엄이 빨리 붙는 이유도 신축 아파트를 경험한 사람들이 많기 때문이다. 이미 경험한 사람들이 신축될 가능성에 가치를 지불하는 것이다.

대출을 받으면 꽤 많은 돈이 은행으로 들어간다. 매매가가 10억 원인 아파트를 내 돈 5억 원과 연이율 4%의 주택담보대출 5억 원을 받아 입주하면 매달 이자만 약 167만 원을 내야 한다. 만약 내가 이 아파트에 입주하지 않고 다른 사람에게 임대한다면? 전세를 놓고 보증금 5억 원을 받아 대출금을 갚고 나는 다른 아파트에 167만 원씩 월세를 내고 살아도 지출은 동일하다. 이렇게 집주인이 되기도, 세입자가 되기도 한다.

서울 롯데월드타워의 시그니엘 오피스텔에 월세를 2,000만 원씩 내고 사는 사람들이 있다. 한 달에 2,000만 원을 낼 능력을 가진 사람들이 왜 월세로 사는 걸까? 월수입이 3,000만 원인 사람이 2,000만 원을 지출하면 순수입은 1,000만 원이 되므로 세금을 절약할 수 있다. 물론 부자들이 단순히 세금 절약을 위해 월세로 사는 것은 아니다. 돈이 지나가는 길목에서 직접 경험하려는 것이다. 내 집에 살면 한 가지 경험밖에 못 하지만 여기저기에 살아보면 다양한 부동산의 가치를 경험할 수 있다. 오피스텔이지만 아파트보다 더 많은 월세를 받는 곳은 어떤 장단점이 있는지 직접 느껴보는 것이다.

남들보다 더 빠르게 더 좋은 것들을 경험해본 사람들은 현재의 기술이 어느 위치에 와있는지, 이런 기술을 사용하기 위해서는 얼마의 돈을 지불하는 것이 적당한지 알게 된다. 집의 어떤 가치가 프리미엄을 붙게 하는지 아는 것이다.

누군가는 한강 경치를 보지 않아도 사는 데 아무 지장이 없다고 생각하지만 다른 누군가는 매일 한강 경치를 보기 위해 20억 원을 더 지불해도 괜찮다고 생각한다. 아파트 이름만 대도 어디인지 대한민국 사람들이 모두 아는 곳이라면 몇십억 원을 더 지불할 사람들도 있다. 이런 것들을 경험하다 보면 남들이 가지지 못한 '감'을 가지게 된다. 다음번 돈의 흐름은 어디로 갈지, 현재는 높은 분양가로 인해 미분양 상태이지만 나중에 가격이 껑충 뛸 집들을 알아보는 눈이 생긴다.

돈은 길목을 따라 움직인다

사람과 집은 길을 따라 움직인다. 길이 있어야 이동이 가능하고 전기와 가스도 공급이 쉬워진다.—도시가스 공급 여부에 따라 건물의 가치가 달라진다.—길이 없어 한참을 돌아가야 하는 곳은 개발도 어렵고 발전도 더디다. 그래서 개발을 위한 첫 번째 단계가 길을 뚫는 일이다. 새로운 교통망이 생기면 부동산의 가치가 달라진다. 수도권의 GTX 건설이 발표되면서 해당 역이 생기는 곳은 부동산 가격이 급등하기도 했다. "역이 생기면 억이 오른다"라는 말까지 나왔다.

장사를 하는 사람들은 길목을 눈여겨보곤 한다. 길을 지나다 니다 보면 사람들이 몰리는 길목이 있다. 사람들은 그 길목을 지 나 여러 방향으로 흩어진다. 길목에서 홍보를 하면 한 번에 많은 사람들에게 홍보하는 효과가 있다. 사람들은 길목에서 서로를 만나고 그곳에서 지갑을 연다. 사람들이 다니는 길에 자연스레 돈의 흐름이 생긴다.

맹모삼천지교

맹자의 어머니는 맹자가 어렸을 때 공동묘지 근처로 집을 이사했더니 어린 맹자가 보고 듣는 것이 상여와 곡성이라 늘 묘지 구덩이를 파고 곡을 하며 장례 치르는 흉내를 내며 놀았다. 이를 본 맹자의 어머니는 아이를 키울 곳이 못 된다고 생각해 시장 근처로 이사했다. 그런데 이번에는 어린 맹자가 장사꾼 흉내를 내며 노는 것이 아닌가. 맹자의 어머니는 여기도 안 되겠다 싶어 서당 근처로 이사했다. 비로소 어린 맹자는 글 읽는 시늉을 하거나 제기를 늘어놓고 제사 지내는 흉내를 내며 놀았다. 맹자의 어머니가 아들의 교육을 위해 세 번이나 이사를 했다는 '맹모삼천지교孟母三遷之敎' 이야기다. 우리나라의 학부모들도 맹자 어머니 못지않게 좋은 학군과 소문난 학원을 찾아 이사를 한다.

유명 입시 학원들이 즐비한 서울의 대치동은 집값 비싸기로 유명하다. 좋은 환경에서 자녀를 키우고 싶은 마음은 어느 부모나 같을 것이다. 30평대 아파트에 살던 부부가 자녀 교육을 위해 학교나 학원 주변의 20평대 아파트로 옮기는 경우를 종종 봤다. 나도 결혼 전에는 '그 정도로 애들 교육이 중요한가?'라는 의문을 가졌지만 아이가 생기고 나니 부모의 마음이 이해됐다. 세상의 모든 것들이 아이를 중심으로 돌아갔다. 직장에서 멀어져도 자녀 교육을 위해 이사하기도 한다.

2022년 3월 기준 전국의 집값 상승률을 보면 좋은 학군을 가진 지역의 집값이 가장 가파르게 올랐고 평균 가격도 높다. 실제로 문재인 정부의 부동산 대책에서 첫 번째 규제 대상이었던 지역들은 모두 학군이 좋은 곳이었다. 서울의 강남4구(강남구, 서초구, 송파구, 강동구), 부산의 해수동(해운대구, 수영구, 동래구), 대구의 수성구가 대표적이다. 제주도의 국제학교 주변 주거지의 집값도 굉장히 비싸다.

인생 주기에 따라 이사를 가장 많이 하는 시기는 결혼할 때와 첫 자녀의 초등학교, 중학교 입학 때다. 결혼할 때는 직장과 가까운 곳이나 교통이 편리한 곳을 선호한다. '직주근접'이라고도 한다. 이후 아이를 낳고 키우다 보면 주거 환경이 아이를 키우는 데 어떤 영향을 미치는지 몸소 느끼게 된다. 결혼할 때는 교통이 편리한 번화가에 집을 구했지만 통행량이 많아 아이한테 킥보드도 타지 못하게 해야 하는 부모의 마음을 느끼면 번화가에 사는 것이 장점에서 단점으로 바뀐다.

첫 자녀가 초등학교에 입학하면 저학년 기준 도보 10분 이내에 학교가 있는 집을 선호하게 된다. 어른 걸음으로 10분이면 저학년 기준 걸음으로 20분이다. 아이들이 어른들보다 천천히 걷기도 하지만 아이들의 눈에는 신기한 구경거리가 많기 때문이다. 그래서 일명 '초품아(초등학교를 품은 아파트)'가 인기가 많다. 특히 초등학교는 집에서 큰 도로를 건너지 않고 갈 수 있어야 한다. 그리고 첫 자녀가 중학교에 입학하면 학군이 좋은 곳으로 이사한다. 학군이 좋은 곳이란 명문 학교에 배정받을 수 있는 지역과 입시 학원들이 많은 학원가 근처를 말한다. 이 시기의 학부모들은 대부분 40~50대의 사회적으로나 금전적으로나 안정된 시기이므로 비싼 가격을 지불해서라도 자녀를 좋은 학군에서 안정적으로 교육하길 원한다.

부동산 투자로 돈을 벌고 싶다면 부자들이 어디에 모여 사는지 살펴보고 그곳으로 이사하면 된다. 임장을 나오면 항상 학교와 학원가의 위치, 자녀를 키우기 좋은 환경인지 따져봐야 한다.

월세 수입 관리 방법

한 달에 한 번 월세 확인하기

　월세 받는 부동산이 많아지면 관리할 것도 많아지므로 매달 정기적으로 정리해두는 것이 좋다. 현재 나는 월세 받는 부동산 20개를 관리하고 있다. 세입자는 누구인지, 월세 입금일은 언제 인지 모두 기억할 수 없으므로 한 달에 한 번 딱 3시간만 투자해 오른쪽의 표처럼 엑셀 파일에 정리해둔다.

월세 관리 양식

건물	호실	세입자	보증금 (만 원)	월세 (만 원)	입금일	계약 기간	입금액 및 입금 여부		
							1월	2월	3월
○○	201	홍길동	1,000	50	18	20/ 05/ 06~ 21/ 05/ 05	50	50	50
△△	1501	김콩쥐	500	55	23	21/ 02/ 18~ 23/ 20/ 17	55	55	55

정산 뒤 월세를 입금하지 않은 세입자들에게는 한 번에 모아서 독촉 문자를 보낸다. 이렇게 하면 여러 번 일하지 않아도 된다. 10군데, 20군데에서 월세를 받는다고 해서 일이 엄청 많아지지 않는다. 한두 군데에서 월세를 받을 때와 하는 일은 똑같다. 같은 일을 반복해서 몇 번 더 할 뿐이다. 예를 들어 도배를 해야 한다면 처음에는 인근 도배업자들을 찾아 견적을 받아보며 함께 일할 사람을 찾는다. 이 과정은 집 한 채를 갖고 있든 20채를 갖고 있든 똑같이 필요한 과정이다. 나중에 같은 문제가 다른 집에 발생하면 그 도배업자에게 전화 한 통만 하면 일이 처리된다.

계약서 관리하기

계약서는 중요하기 때문에 잘 보관해둬야 한다. 하지만 임대인이든 임차인이든 계약서를 분실하는 경우가 생각보다 많다. 만약 계약서를 분실했다면 거래했던 부동산 중개 사무소를 찾아가면 된다. 중개사는 본인이 거래한 계약서를 3년 동안 원본이나 사본 또는 전자 문서로 보관해야 할 의무가 있다. 이처럼 제 3자도 3년 동안 보관 의무가 있는 중요한 계약서를 계약 당사자가 소홀히 관리해서는 안 된다. 향후 법적인 책임 소재를 따질 때 중요하게 활용되는 문서이니 잘 보관하도록 하자.

참고로 나는 문구점에서 40매짜리 파일을 여러 개 구입해 건물별, 층별로 나누어 보관한다. 계약서나 관련 서류를 찾아보기 편리하다. 건물주들 중에는 이런 계약서 파일을 수십 개씩 관리하는 사람도 있다.

세입자 퇴실 시 부동산에 문자 돌리기

기존 세입자에게 퇴실하겠다는 연락이 오면 이삿날을 정하고 미리 다음 세입자를 구한다. 기존 세입자에게 수리할 곳이 있는지 먼저 알려달라고 해도 좋다. 직접 살아본 사람이 어디가 불편한지 또 수리가 필요한지 잘 알기 때문이다.

이삿날이 정해지면 거래하던 중개 사무소와 인터넷에서 검색한 인근 중개 사무소, 홍보를 잘 하는 중개 사무소에 전화나 문자로 빈방이 있음을 알린다. 집이 깨끗할 때 찍어둔 사진이 있으면 함께 전송한다. 그러면 중개 사무소에서 이사 일정에 맞는 손님을 연결해준다. 기존 세입자에게는 중개사가 집을 보러 오면 잘 보여주라고 미리 양해를 구해놓는 것이 좋다. 깨끗하게 청소해놓은 집을 보여주면 금세 계약이 되기도 한다. 공실 상태에서 집을 보여주는 것보다 한결 여유롭게 다음 세입자를 찾을 수 있다.

계약이 안 될 때는 복비를 올려라

공실 기간이 길어지고 대출이자가 부담된다면 집을 최대한 빨리 임대할수록 유리하다. 임대할 집을 수리하고 깨끗이 청소하는 일은 당연히 해야 한다. 하지만 주변에 신축 건물이나 공실이 많다면 아무리 깨끗해도 세입자를 구하기 어렵다. 이럴 때는 중개사를 내 편으로 만들어야 한다. 중개사는 중개 수수료를 받고 일하는 사람이다. 법적으로 정해놓은 중개 수수료가 있지만 협

의를 통해 조절이 가능하다. 중개사 입장에서는 본인에게 주어진 수많은 집들 중 중개 수수료를 많이 주는 집이 좋은 집이다.

월세가 연체되면 어떻게 해야 하나요?

세입자의 월세가 연체되면 문자 한 통 보내고 전화 한 통 해보고는 무한정 기다리는 집주인들이 있다. 내야 할 돈을 안 낸 사람이 스트레스를 받아야지 받아야 할 돈을 못 받은 사람이 스트레스를 받아서야 되겠는가. 다음의 내가 알려주는 방법대로 하면 집주인이 스트레스 받을 일이 없다.

받아야 될 돈을 못 받았을 때 취할 수 있는 법적 조치들이 있다. 만약 월세 연체로 세입자와 재판까지 가게 되면 임대인이 이런 조치를 하지 않았다는 사실은 충분한 의사 표현을 하지 않았다고 보기 때문에 법을 적극적으로 활용해야 한다. 다음에 소개하는 절차를 진행하다 보면 재판까지 가지 않아도 문제가 해결되는 경우가 많으니 법적 조치들을 알아놓기만 해도 마음이 든든하다.

첫 번째, 월세가 처음 밀리면 문자로 통보하기

"0월분 월세가 미납됐습니다. 빠른 입금 부탁드립니다", 이렇게 간단하게 보내면 된다. 문자를 보내면 기록으로 남으니 세입자에게 적극적으로 임대료 지급을 요구했다는 것을 증명할 수 있다. 전화를 하면 월세를 못 내는 세입자의 사정을 들어줘야 하고 다음에 주겠다는 기약 없는 약속만 되돌아올 것이다.

두 번째, 월세가 2회 이상 밀리면 내용증명 보내기

한 달 치 월세 50만 원을 밀린 사람이 한 달 뒤에 두 달 치 월세 100만 원을 내기 쉽겠는가? 나중에 돈이 들어오면 입금해준다는데, 그럼 어느새 세 달 치 월세가 밀려 받을 돈이 150만 원이 돼있을 것이다. 민법 제640조에 따르면 임대인은 임차인이 차임을 2회 이상 연체한 경우 임대차 계약을 해지할 수 있다.

'언제까지 월세를 내지 않으면 임대차 계약을 해지하고 소송하겠다'라는 의사를 말로 할 수도 있지만 나중에 이를 증명하기는 어렵다. 문자, 카톡도 못 봤다고 하면 그만이다. 문서나 편지 등으로 작성해 원본을 작성자가 보관하고 있다면 나름의 증명은 되겠지만 수신자에게 그와 동일한 문서가, 동일한 시각에 갔다는 점을 증명하기도 어렵다. 그래서 내용증명을 활용한다. 내용증명이란 '어떤' 내용의 문서를 '언제', '누구에게' 발송했는지 우체국장이 증명하는 제도다. 정해진 양식은 없지만 월세 연체 시 내가 주로 사용하는 양식을 본 책 238쪽에 부록으로 첨부했으니 참고하길 바란다. 양식을 본인의 상황에 맞게 수정한 뒤 3부를 복사한다.―돈을 내면 우체국에서도 복사가 가능하다.―그리고 우체국에 가져가 내용증명으로 발송해달라고 하면 된다. 비용은 대략 1만 원을 넘지 않는다. 인터넷 우체국을 통해 전자문서 형식으로 제작해 발송할 수도 있다. 3부 중 1부는 우체국이 보관하고 1부는 발신자가 보관하고 나머지 1부를 수신자에게 발송함으로써 해당 내용의 문서가 발송됐음을 증명한다. 발신자는 3년 이내의 기간에 한해 우체국에 관련 증명을 요구할 수 있다.

　내용증명만 보내도 세입자에게는 압박이 될 것이다. 일반적으로 법적 조치를 취하기 전 최후통첩으로 내용증명을 보내기 때문이다. 내용증명만 보내도 월세가 입금되거나 집을 비워주는 경우가 많으니 월세가 2회 이상 연체됐다면 빠르게 조치를 취하도록 하자.

세 번째, 명도 소송 진행하기

세입자가 내용증명을 받고도 월세를 입금하지 않거나 집을 비워주지 않는다면 명도 소송 절차를 밟아야 한다. 명도 소송이란 "적법한 점유권 없이 부동산을 점유하고 있는 점유자를 상대로 부동산의 소유권자와 같은 권리자가 내 부동산의 점유를 인도할 것을 요구하는 소송"이다. 한마디로 세입자에게 집을 비워달라고 하는 소송이다. 월세가 2회 이상 연체돼 임대차 계약을 해지한다고 내용증명으로 임대인의 의사를 표현했기 때문에 세입자는 점유권 없이 부동산을 점유하고 있는 셈이다.

명도 소송의 소장도 240쪽에 부록으로 첨부했으니 참고하길 바란다. 소장을 작성해 전자소송 사이트[23]에서 직접 접수하거나 법원에 제출해도 된다. 소장을 직접 작성해 접수하면 10만 원 안팎의 비용이 들지만 법무사에게 명도 소송을 맡기면 70~100만 원 정도의 비용이 든다. 명도 소송이 진행되면 재판 기일이 잡히고 법원에 출석하라는 명령이 세입자에게 우편으로 발송된다. 이 과정에서 월세를 입금하거나 집을 비워주는 세입자도 많다. 명도 소송은 최소 3~6개월 정도의 시간이 소요되니 미리미리 진행하는 것이 좋다.

....

23 ecfs.scourt.go.kr

[명도 소송 절차]

명도 청구 소장 제출

(전자소송 또는 집행 법원에 제출)

▼

명도 청구 심리 및 심문

▼

판결

▼

판결문 송달

네 번째, 강제집행 진행하기

월세가 연체된 경우 명도 소송을 하면 대부분 임대인이 승소한다. "미납 월세를 내고 집을 비워줘라"라는 법원의 명령이 적힌 판결문이 나왔음에도 세입자가 집을 비워주지 않는 경우 강제집행을 진행할 수 있다. 강제집행이란 "집행권원에 표시된 사법상의 이행청구권을 국가권력에 기하여 강제적으로 실현하는 법적 절차"다. 확정 판결을 받고도 채무자가 이를 이행하지 않으면 강제집행 절차를 이용할 수 있다. 쉽게 말해 강제로 이사를 시키는 것이다.

판결문이 나오면 법원의 집행관사무소에 가서 신청할 수 있다. 법원에 강제집행을 신청하면 20만 원 정도의 비용을 내야 한다. 법원 집행관이 일을 하는 수수료다. 그러면 법원에서 현황 조사를 실시하고 강제집행을 계고한다. 계고란 집행 사실을 문서로 알리는 것을 말한다. 이날은 열쇠공이 와서 강제로 문을 열고 집행관이 직접 집 안에 계고장을 붙인다. 내가 겪은 최고 진상 세입자도 계고 뒤 스스로 나갔다. 계고 집행 비용은 40만 원 정도다. 이때까지도 세입자가 나가지 않는다면 최종적으로 강제집행을 진행한다. 비용은 200~300만 원 정도가 든다. 강제집행을 진행하면 세입자의 짐은 보관창고로 강제 이동된다.

이 모든 비용을 세입자의 보증금에서 해결하려면 하루라도 빨리 일을 처리해야 한다. 비용이 보증금을 초과해 못 받은 돈은 별도로 민사소송을 진행해야 한다. 하지만 민사소송을 진행해도 세입자가 가진 재산이 없으면 돈을 못 받을 확률이 높으므로 하루라도 빨리 법적 절차를 밟아 보증금 안에서 처리하는 것이 최선이다.

[강제집행 절차]

강제집행 신청

(명도 소송 판결문이 나오면 집행관사무소에 신청)

▼

집행 비용 예납

▼

현황 조사 실시(1~2주)

▼

강제집행 계고

▼

강제집행 실시

가치투자

"제가 이만큼 이룬 것은 신의 축복과 운이 좋았다는 것으로 밖에 설명하기 어렵습니다."

'우아한 형제들'의 김봉진 대표의 말이다. 그가 말하는 성공의 비결은 '운'이다. 세계적인 스타가 된 방탄소년단도, 성공한 사업가나 자산가도 모범 답안처럼 꺼내는 답변이 "운이 좋았다"다. 부동산 부자들도 "운이 좋았다"라는 말을 많이 한다. 나에게도 젊은 사람이 부동산으로 어떻게 부를 이뤘냐고 물어보면 입버릇처럼 "운이 좋았죠"라고 말한다.

부동산이나 주식 투자를 할 때 무릎에서 사서 어깨에서 팔면 절대 잃을 수 없다. 하지만 실전에서는 지금이 허리인지, 어깨인지, 머리인지 쉽게 구별되지 않는다. 그래프가 롤러코스터를 타면 초심이 흔들린다. 공부를 충분히 하면 지금이 어느 위치인지 확신이 생겨 불안한 마음을 안정시킬 수 있지만 여전히 리스크는 존재한다.

누군가는 어느 시점에 투자했는지가 부동산 투자의 승패를 가른다고 하지만 내가 생각하는 부동산 투자의 승패를 가르는 요인은 어느 부동산에 투자하느냐다. 미래의 가치를 읽을 수 있어야 부동산 투자라는 장기 레이스에서 승리할 수 있다. 누군가는 '우리 집이 5억 올랐네, 10억 올랐네, 3억 내렸네'라며 과거를 곱씹고 있다면 다른 누군가는 '지금 이 집은 10억이지만 나중에는 30억이 될 거야'라며 미래를 상상한다.

가치 투자를 잘하는 사람은 상상력이 풍부하다. 상상력이 부족한 사람들을 위해 부동산에는 조감도라는 것이 존재한다. 조감도는 일반인들이 부동산의 미래를 상상할 수 있게 도와준다. 상상력이 풍부해 머릿속에 조감도를 잘 그리는 사람은 그 부동산의 가치를 알아보고 미리 투자한다.

부산항 북항 2단계 재개발 사업(왼쪽)과
부산시 남천동 삼익비치타운 재건축 사업(오른쪽) 조감도

출처 : 해양수산부 홈페이지(왼쪽), 자이Xi 홈페이지(오른쪽)

대부분의 사람들이 재건축 예정인 단지를 보고는 '너무 비싸다' 라고 생각하며 돌아선다. 하지만 누군가는 재건축 단지의 조감도를 그려보며 미래를 상상한다. '저 집의 가치는 20년 뒤 50억이 될 거야'라고 생각하는 사람은 새 아파트보다 더 비싼 돈을 주고 낡고 오래된 아파트를 산다.

1970년대 매년 강물이 범람하는 물러터진 논밭에 어느 누가 고층 아파트를 지을 것이라고 상상이나 했을까? 그곳에 지어진 아파트들이 현재 40억 원의 가치를 갖게 될 것이라고 50년 전에 어느 누가 알았을까? 상상이 현실이 되는 순간 비로소 강남신화가 쓰여졌다.

내가 가진 것들이 상상 그 이상의 현실이 되면 어찌 "운이 좋았다"라는 말을 하지 않을 수 있을까? 운은 아무에게나 찾아오지 않는다. 열심히 공부하고 분석하면서 남들이 하지 못하는 상상을 하고 목표를 정해 실행에 옮긴 사람 중에 고르고 골라서 찾아온다. 그러니 핑크빛 미래가 보이는 부동산의 가치를 알아보고 미리 투자하는 것이다.

06

소문난 잔치에 먹을 것 없다

"소문난 잔치에 먹을 것 없다"라는 속담이 있다. 주변에서 주식투자로 돈 좀 벌었다는 이야기가 들리면 너도나도 주식투자를 한다. 하지만 실제로 주식투자로 돈을 번 사람은 생각보다 많지 않다. 부동산도 마찬가지다. 집값이 많이 올라 2배, 3배가 됐다는 소리를 듣고 내 집 마련을 하려고 알아보면 먹을 것이 거의 없다.

사람들은 이미 집값이 많이 올랐다는 사실을 알고 있다. 하지만 오른다는 뉴스가 나오면 지금이라도 사지 않으면 불안한 마음에 집을 사고 집값은 더 오른다. 반대로 집값이 내린다는 뉴스가 나온다. 할인 기간이니 저렴할 때 사두면 좋다는 사실을 사람들은 알고 있다. 그런데 마트에서 세일을 하면 필요 없는 물건들도 사재기하던 사람들이 부동산이나 주식이 내린다는 뉴스에는 싸늘하게 반응한다. 이 또한 불안 심리가 작용해 아무도 집을 사지 않으니 집값은 더 떨어진다. 재테크 시장은 심리가 미치는 영향이 대단히 크다.

같은 단지, 같은 구조의 아파트라도 층수나 위치 등의 선호도에 따라 가격 차이가 크다. 그런데 언론은 이런 선호도에 따른 가격 차이는 빼버리고 현재 상황만 보도한다. 두 달 전 신고가로 43억 원에 팔린 집이 현재 3억 원이 내려 거래됐다며 집값이 내렸다고 보도한다. 두 집이 어떤 차이가 있는지는 보도하지 않는다. 뉴스를 본 사람들은 '집 안 사길 잘 했네. 그 집 산 사람 안됐다'라고 생각한다.

부동산 투자를 잘하고 싶다면 이런 뉴스를 보면 당장 그 아파트 단지로 달려가 두 달 사이에 왜 3억 원이나 떨어졌는지, 그보다 더 저렴한 집은 없는지 찾아봐야 한다. 만약 그 집보다 더 저렴한 집이 많다면 대세 하락장이 시작된 것이다. 이때 꾸준히 지켜보다 좋은 조건의 매물이 나오면 사두면 된다.

너도 알고 나도 아는 잔칫집에는 남들이 먹고 남은 음식들만 있다. 잔치가 열리기 전 미리 전 굽는 냄새를 맡고 남들보다 먼저 가서 일손을 도와주다 보면 잔치에 어떤 손님들이 오는지, 어떤 음식을 만드는지, 가장 맛있는 음식이 무엇인지 알 수 있다. 이처럼 남들보다 먼저 선점을 하던지, 늦게 도착했으면 다른 전략을 짜던지 무엇이든 해야 한다.

잔치가 끝난 집은 설거지도 해야 하고 잔반 처리도 해야 하고 할 일이 많다. 뒷정리를 돕다 보면 다음 잔치는 언제쯤 열리는지 등의 유용한 정보를 얻을 수 있다. 잔칫집에는 음식만 날름 먹고 떠나는 손님만 오지 않는다. 그 집의 기쁨을 함께 축하해주고 서로 도와가며 잔치를 한다. 남의 집에서 잔치를 열면 음식만 챙기지 말고 일손을 도우며 배우려는 마음가짐이 중요하다. 잔치를 여는 이유를 배우고 찾아오는 손님들도 보며 다음에는 본인이 주체가 돼 잔치를 열 수도 있다. 대부분의 사람들은 음식을 먹고 나면 잔칫집을 떠난다. 그들과 반대로 하면 재테크 시장에서 돈을 벌 수 있다.

관심 있는 부동산이 있다면 가격이 어떻게 변하는지 계속해서 지켜봐야 한다. 잔치를 열기 전인지, 열고 있는 중인지, 끝난 상태인지 관심이 있으면 소문이 나기 전에 그 집 사정을 알 수 있다. 사람들이 '옛날에 이 집은 얼마였어. 먹을 게 많았는데…'라고 회상할 때 부동산 부자들은 과거의 시세는 신경 쓰지 않는다. 옛날에 음식이 얼마나 맛있었는지, 메뉴가 무엇이었는지, 손님들은 얼마나 왔는지는 중요하지 않다. 투자에서 가장 중요한 것은 앞으로 얼마나 투자 가치가 있느냐다. 음식이 맛있었던 잔칫집의 요리사가 어느 집으로 옮겼는지 알아보고 잔치가 열릴 만한 —호재가 있는—집들을 여러 개 찾아 언제 잔치가 열릴지 꾸준히 관심을 가져야 한다. 그러다 보면 나도 맛있는 음식을 먹을 기회가 생기고 남들에게 나눌 수 있는 잔치를 열 날이 올 것이다.

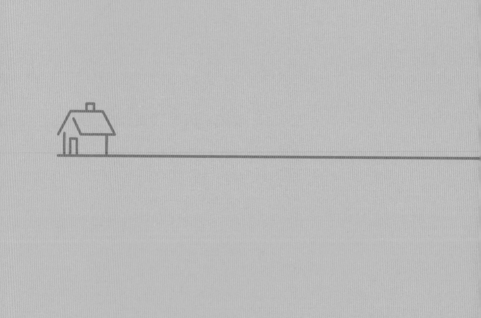

부록

내 용 증 명

발 신 인 ○○○
    주 소 :
수 신 인 ○○○
    주 소 :

임대차 계약 해지 통고

1. 본인은 귀하와 20○○년 ○○월 ○○일 본인 소유의 주택에 대하여 아래와 같이 임대차 계약을 체결한 바 있습니다.

- 아　래 -

목적물 : ○○시 ○○구 ○○길 ○○, ○○㎡
임차보증금 : 금 000,000,000원
월임대료 : 금 000,000원
임대차 기간 : 20○○년 ○○월 ○○일부터 20○○년 ○○월 ○○
일까지

2. 귀하는 위 계약에 따라 본인에게 계약금 금 0,000,000원을 계약 당일 지급하고, 나머지 금 000,000,000원은 같은 해 ○○월 ○○일 지급하여 잔금 지급일부터 입주해오고 있습니다.

3. 그런데, 귀하는 20○○년 ○○월부터 아무런 사유 없이 월임대료를 지급하지 아니하여 본인은 20○○년 ○○월 ○○일자 등 수차례 귀하에게 체납 임대료 지급을 최고하였습니다.

4. 그럼에도 불구하고 귀하는 체납 임대료를 지급하지 않고 있어 본인은 귀하에게 서면으로 임대차 계약 해지를 통지하오니 본 서면을 받는 즉시 위 건물을 명도해주시고 밀린 임대료를 지급하여 주시기 바랍니다. 만일, 위 기한 내 건물명도 및 체납 임대료를 변제하시지 않으면 본인은 부득이 법적 조치를 하겠으니 양지하시기 바랍니다.

2000년 ○○월 ○○일
위 발신인 ○○○

[부록 2] 명도 소장 작성례 : 부동산 명도(인도) 청구의 소

소　　장

원　고　　○○○ (주민등록번호 ○○○○○○-○○○○○○○)
　　　　　　○○시 ○○구 ○○길 ○○ (우편번호 ○○○○○)
　　　　　　전화·휴대폰번호 :
　　　　　　팩스번호, 전자우편(e-mail)주소 :

피　고　　○○○ (주민등록번호 ○○○○○○-○○○○○○○)
　　　　　　○○시 ○○구 ○○길 ○○ (우편번호 ○○○○○)
　　　　　　전화·휴대폰번호 :
　　　　　　팩스번호, 전자우편(e-mail)주소 :

건물명도(인도) 청구의 소

청 구 취 지

1. 피고는 원고에게 별지 목록 기재 부동산을 명도하라.
2. 소송비용은 피고가 부담한다.
3. 위 제1항은 가집행할 수 있다.
라는 판결을 원합니다.

청 구 원 인

1. 원고는 20○○. ○○. ○○. 피고와 사이에 별지 목록 기재 부동산에 대하여 아래와 같은 내용으로 임대차 계약을 체결하였습니다.
   (1) 임대차 보증금 : 000,000,000원
   (2) 임대차 기간 : 20○○. ○○. ○○. ~ 20○○. ○○. ○○. (○○개월)
   (3) 월세 : 000,000원 (공과금 별도)

2. 그런데 임차인인 피고는 20○○. ○○. ○○.부터 현재까지 위 임대차 목적물에서 거주하고 있으나 20○○. ○○.부터 월세를 지급하지 않고 있으며, 이에 원고는 피고에게 수차례 월세 납부를 독촉하였으나 피고는 곧 해결해주겠다는 말만 한 체 현재까지 ○○개월치의 월세를 지급하지 않고 있습니다.

3. 원고는 20○○. ○○.경 ○○기 이상의 차임 연체를 이유로 임대차 계약을 해지한다는 의사표시가 담긴 내용증명을 보냈으며, 20○○. ○○. ○○.경 위 내용증명은 피고에게 도달하였으므로 원고와 피고 사이의 위 임대차 계약은 위 해지 통지에 의하여 적법하게 해지되어 종료되었다고 할 것입니다.

4. 따라서 피고는 원고에게 임대차 목적물을 인도할 의무가 있는 바 원고는 이를 인도받고자 이 사건 청구에 이른 것입니다.

입 증 방 법

1. 갑 제1호증   임대차계약서
1. 갑 제2호증   통고서(내용증명우편)
1. 갑 제3호증   등기사항전부증명서

첨 부 서 류

1. 위 입증방법   각 1통
1. 소장부본   1통
1. 송달료납부서   1통

2000. 00. 00.
위 원고 000 (서명 또는 날인)

○○지방법원 귀중

별 지

목 록

[집합건물] ○○시 ○○동 ○○ ○○아파트 제○동 제○층 제○호

(1동의 건물의 표시)
○○시 ○○동 ○○ ○○아파트 제○동
철근콘크리트조 슬래브지붕 ○층 아파트
1층 ○○㎡
2층 ○○㎡
3층 ○○㎡
4층 ○○㎡

(대지권의 목적인 토지의 표시)
○○시 ○○동 ○○대 ○○㎡

(전유부분의 건물의 표시)
제○층 제○호 철근콘크리트조 ○○㎡

(대지권의 표시)
1 소유권대지권 ○○분의 ○○. 끝.

회사를 그만두면 더 큰돈을 벌 수 있을 거야

하루는 퇴사를 고민하는 나에게 남편이 말했다.

"당신은 회사를 그만두면 더 큰돈을 벌 수 있을 거야."

월급을 포기하기 힘들었던 내가 퇴사한 지 4년이 지났다. 지금은 남편도 육아휴직을 하고 전국을 여행하며 지내고 있다. 생활비는 월급 받는 부동산으로 충당하며 매일매일 아이와 소중한 추억을 쌓고 있다. 결혼 초부터 이런 삶을 꿈꾸고 준비한 결과물이다.

나와 같은 고민을 하는 사람들에게 내가 쌓아온 노하우를 공유해 함께 미래를 준비할 수 있게 되길 바란다. 나와 소통을 원하는 사람들은 나의 블로그로 찾아오면 된다.

인생을 살면서 맺는 인연은 참 중요하고 또 소중하다. 내가 부동산을 쉽게 접할 수 있게 도와주신 나의 어머니, 부부의 인연을 맺고 새로운 생각과 세계관을 펼칠 수 있게 도와준 남편, 내가 더 많은 돈을 벌어야 할 이유를 만들어준 소중한 딸아이와 다른 가족들에게도 고맙다는 말을 전하고 싶다. 또한 내가 책을 쓸 수 있게 용기를 북돋아준 기성준 작가님, 부동산 강의를 할 수 있게 해준 부산경매학원 노일용 원장님, 책 편집을 도와준 장아름 대리님과 출판사 관계자분들께도 감사드린다. 내 주변에 모든 분들이 도와주셨기에 여기까지 올 수 있었다. 나도 누군가에게 그런 존재가 되고자 한다.